漢代簡帛文獻文字研究

孟美菊　王建民　著

中國海洋大學出版社

·青島·

圖書在版編目（CIP）數據

漢代簡帛文獻文字研究 / 孟美菊，王建民著． -- 青島：中國海洋大學出版社，2023.3

ISBN 978-7-5670-3466-2

Ⅰ. ①漢… Ⅱ. ①孟… ②王… Ⅲ. ①簡（考古）-古文字-研究-中國-漢代②帛書-古文字-研究-中國-漢代 Ⅳ. ① K877.54 ② K877.94

中國國家版本館 CIP 數據核字（2023）第 050639 號

HANDAI JIANBO WENXIAN WENZI YANJIU

漢代簡帛文獻文字研究

出版發行	中國海洋大學出版社			
社　　址	青島市香港東路 23 號	郵政編碼	266071
出 版 人	劉文菁			
網　　址	http://pub. ouc. edu. cn			
電子信箱	1193406329@qq. com			
訂購電話	0532-82032573（傳真）			
責任編輯	孫宇菲	電　　話	0532-85902349
印　　制	青島中苑金融安全印刷有限公司			
版　　次	2023 年 3 月第 1 版			
印　　次	2023 年 3 月第 1 次印刷			
成品尺寸	130 mm × 203 mm			
印　　張	6. 5			
字　　數	125 千			
印　　數	1 ～ 1000			
定　　價	42. 00 元			

發現印裝質量問題，請致電 0532-85662115，由印刷廠負責調換。

凡 例

本文所引簡帛文獻，使用了以下符號：

（　）表示前一字是假借字或異體字；

【　】表示補出的殘缺字；

〈　〉表示改正訛誤字；

□　表示無法補出或不能辨識的殘缺字；

⊠　表示殘缺字數無法確定者。

另外，爲了便於排印，部分與所釋字無關的通假字、俗字、訛誤字徑出本字。

目錄

╱ 上篇　馬王堆漢墓帛書（肆）俗字研究 ╱

第一章　俗字的界定及其與其他異形字概念的聯繫與區
　　　　別⋯⋯⋯⋯⋯⋯⋯⋯⋯⋯⋯⋯⋯⋯⋯⋯⋯ 3

第二章　《帛書》俗字的判斷方法及其類型⋯⋯⋯⋯⋯ 16

第三章　從《帛書》俗字看漢字形聲化的發展⋯⋯⋯⋯ 31

第四章　《帛書》俗字與漢字的簡化⋯⋯⋯⋯⋯⋯⋯⋯ 64

第五章　文獻內容對俗字的影響——以從"月（肉）"旁的
　　　　俗字爲例⋯⋯⋯⋯⋯⋯⋯⋯⋯⋯⋯⋯⋯⋯⋯ 81

結　語⋯⋯⋯⋯⋯⋯⋯⋯⋯⋯⋯⋯⋯⋯⋯⋯⋯⋯⋯ 94

╱ 下篇　武威漢簡《儀禮》異文研究 ╱

第一章　通假字⋯⋯⋯⋯⋯⋯⋯⋯⋯⋯⋯⋯⋯⋯⋯ 103

第二章　傳承字與新構字⋯⋯⋯⋯⋯⋯⋯⋯⋯⋯⋯ 154

第三章　異　詞⋯⋯⋯⋯⋯⋯⋯⋯⋯⋯⋯⋯⋯⋯⋯ 166

附　錄⋯⋯⋯⋯⋯⋯⋯⋯⋯⋯⋯⋯⋯⋯⋯⋯⋯⋯ 175

上篇
馬王堆漢墓帛書(肆)俗字研究

第一章　俗字的界定及其與其他異形字概念的聯繫與區別

一、俗字的界定

（一）詞位與字位

在討論俗字的界定之前，本文首先引入詞位與字位的概念。這兩個概念是借用音位的概念提出的。詞位是指一定的音、義相結合的自然單位，而字位則是這一自然單位的書面表現形式。上古漢語中詞位與字位一般是一一對應的（聯綿詞、合音詞除外）。詞位與字位是兩個層面上的概念，詞位是內容，字位則是詞位的書面表現形式。二者既密不可分，又有所區別。文字是記錄語言的符號系統，語音與意義結合的任意性決定了一個詞的讀音具有唯一性，它的變化發展都有一定的規律可循。意義也是一樣，雖然在發展過程中詞的意義會不斷引申，但是萬變不離其宗。如果詞義的引申遠離其原始意義，祇要其讀音未發生變化那它仍是一個詞位，與之相對應的也祇是一個字位。同樣，雖然有時兩個詞讀音完全相同，但意義上的差異仍可以把它們區別爲不同的詞位。與詞位相對應的字位，有時有不同的形體，我們把這些同一字位的不同形體稱爲字位變體。産生不同字位變體的主要原因是字形的變化。漢字不同於拼音文字，一般來説，拼音文字讀音的不同反映在文字的書寫上，主要是組成文字的字母不同或組成文字的字母的順序不同。而漢字的字形變化則可能不改變文字的讀音，也不改變這個字所代表的詞的意義。俗字是相對於正字而言的，從本質上講，俗字就是正字的字位變體。明確了這一點，對我們從理論及實踐上認識俗字有重要的意義，並且有利於我們認識俗字與其他異形字在概念上的區別與聯繫。

（二）前人對俗字的界定

俗字一般是指漢字各個時期與正字相對而言的、主要流行於民間的通俗字體。我國歷代學者對俗字都有輯錄或研究。東漢許慎在《説文解字》中就已開始收錄俗字，"大徐本《説文解字》收俗字 15 個，小徐本《説文解字》收俗字 24 個，段注本兼采大、小徐本，共有俗字 20 個。"①

許慎在漢字史上首次提出了字有"正""俗"之分，如段注本《尸部》："居，蹲也。從尸，古聲。屁，俗居從足。"《説文解字》是我國現存最早的字書，可以説字之"正""俗"觀念是與我國科學的文字學相伴而生的。中古以後，學者們正式明確提出了"俗字"的概念。隋初顏之推在《顏氏家訓·雜藝篇》中説："晉宋以來，多能書者。故其時俗，遞相染尚，所有部帙，楷正可觀，不無俗字，非爲大損。至梁天監之間，斯風未變，大同之末，

① 吉仕梅《〈説文解字〉俗字箋議》，《語言研究》1996 年第 2 期。

訛替滋生。蕭子雲改易字體,邵陵王頗行僞字;朝野翕
然,以爲楷式,畫虎不成,多所傷敗。至爲一字,唯見數
點,或妄斟酌,逐便轉移。爾後墳籍略不可看。北朝喪
亂之餘,書迹鄙陋,加以專輒造字,猥拙甚於江南。乃以
百念爲憂,言反爲變,不用爲罷,追來爲歸,更生爲蘇,
先人爲老,如此非一,徧滿經傳。"在這裏顏之推指出了
俗字流行的現實,分析了俗字産生的原因之一,即書寫
者個人的隨意性,並舉出了例子"蕭子雲改易字體,邵
陵王頗行僞字"。在這一段文字中,顏之推還以舉例的
形式指出了俗字産生的一種方式即"以意會意字",所
謂"百念爲憂,言反爲變,不用爲罷,追來爲歸,更生爲
蘇,先人爲老"都是這樣。可見到了隋朝,學者們對俗
字的認識已相當自覺了。到了唐代,便出現了一些有關
俗字的字書,其中《干禄字書》是一部集大成的著作。
《干禄字書》把字體分爲"正""通""俗"三類:"正"就
是通常所言"正字","可以施著述、文章、對策、碑碣",
能夠登大雅之堂;"通"是指一種通用字體,"可以施表
奏、牋啟、尺牘、判狀",它們可能還未進入"正字"的範
圍,但又比"俗字"正式;"俗"就是"俗字","所謂俗
者,例皆淺近,唯籍帳、文案、券契、藥方,非涉雅言",也
就是說,俗字是不能登大雅之堂的。儘管作者寫作《干
禄字書》的目的是讓做官的人寫規範字,在客觀上它仍
爲漢語俗字史的發展做出了貢獻。宋元以後對俗字的
研究與整理繼續發展,除專門辨析字形正俗的字書(如
宋郭忠恕《佩觿》、遼釋行均《龍龕手鏡》)外,一些辭
書、韻書(如《廣韻》《集韻》《類篇》)也收錄了大量的俗

字。所以我們可以説,俗字是漢字史上的概念,俗字現象自古有之,我們在研究漢字時可以用它來指稱漢字各個發展時期的通俗字體。

有清一代,我國傳統"小學"發展到頂峰,文字學的研究呈現出多元發展趨勢,俗文字研究也受到了高度的重視,並影響到了後來的學者。近現代的一些辭書,如《辭海》《辭源》《中國大百科全書·語言文字卷》都對"俗字"或文字"俗體"做出了自己的解釋。張湧泉先生是現代治俗文字學的著名學者,他在綜合各家對"俗字"定義的基礎上,提出了自己的觀點:"漢字史上各個時期與正字相對而言的主要流行於民間的通俗字體稱爲俗字。"①陳五雲先生則認爲:"俗字是活躍在民間手頭的文字,在書寫上不怎麼規範。"②兩位先生對俗字定義的核心都是認爲俗字是"民間"的,這主要是指出了俗字的來源和使用範圍,所謂"民間"也就是一般文字使用者,而非上層的知識份子。張先生認爲俗字是"與正字相對而言"的,陳先生認爲"(俗字)在書寫上不怎麼規範",所以"俗字"當有對應的"正字"或"規範字"。從這些定義中可以看出俗字主要包括兩個方面的要素:"民間的"與"通俗的"。在漢字定形、定性的時代容易分析"正字"與"俗字",但在《馬王堆漢墓帛書》(肆)(以下簡稱《帛書》)抄寫的西漢初年,漢字的"定形"衹是相對的,不容易找到與"俗字"相對應的

---

① 張湧泉《敦煌俗字研究》,上海教育出版社,1996年,第2頁。
② 陳五雲《從新視角看漢字:俗文字學》,河南人民出版社,2000年,第19頁。

“正字”，所以在研究簡帛俗字時，應就簡帛俗字的特點
爲其做一個適合當時用字實際的界定。

(三)本書對《帛書》俗字的界定

之所以用“界定”這一概念而不用“定義”的提法，
是因爲在這裏我們祇是對《帛書》中俗字作一定的限
定，並不一定是一個科學意義上的定義。上文討論了字
位與字形的關係，不難看出“正字”與其相對應的“俗
字”在本質上互相間是同一字位的不同變體，即是記錄
同一個詞的不同的字形，祇是在使用中有的字形爲絕大
多數文字使用者承認，而有的字形僅爲少數人使用。一
般來説，前者是“正字”，後者是“俗字”。在一定情況
下，“俗字”可能上升爲“正字”，原來的“正字”反而下
降爲“俗字”，甚至被棄用。《帛書》中的“俗字”也不應
例外。由於《帛書》中的字體處於篆書向隸書的過渡階
段，廣義上講，《帛書》中全部的文字都是秦代正字“小
篆”的“俗字”，這樣的界定當然沒有意義，因爲這一時
期的漢字的變化較大，如果把那些一點一滴的變化都歸
爲“俗化”，顯然擴大了“俗字”的範圍，反而影響研究
的價值和結論。有秦一代雖然統治時間不長，但在統一
全國後所進行的“書同文字”政策仍是一場成功的“正
字”運動。《史記•秦始皇本紀》：“一法度衡石丈尺，車
同軌，書同文字。”《説文解字•敘》：“秦始皇初兼天下，
丞相李斯乃奏同之，罷其不與秦文合者。斯作《倉頡
篇》，中車府令趙高作《爰歷篇》，太史令胡毋敬作《博
學篇》，皆取史籀《大篆》，或頗省改，所謂小篆者也。是
時秦燒滅經書，滌除舊典，大發隸卒，興役戍，官獄職務

繁,初有隸書,以趣約易,而古文由此絕矣。"經過秦政
府的强制推行,確立了小篆的合法地位,同時以樹立範
本的形式(《蒼頡篇》《爰歷篇》《博學篇》)對小篆的形
體結構進行了規範,因此這時的小篆具有了"正字"的
地位。《睡虎地秦墓竹簡》出土於湖北雲夢睡虎地。該
地戰國時屬楚國土地。"雲夢一帶是楚國多年經營的舊
地,雲夢竹簡的内容,反映了楚人堅持當地傳統文化的
頑强性,如《語書》反映了:'當地人民仍然堅持其鄉俗
不變,其所利及好惡與秦的律令制度格格不入。'又如
《日書》'實際集中體現的是楚國的傳統信仰,反映了楚
人尊尚巫鬼的習俗。'這都表明'楚人堅持原有文化的
頑强性,在東方諸侯國中是獨一無二的。'(李學勤《新
出簡帛與楚文化》)而從竹簡的文字結構來看卻是相當
典型的秦係風格。"① 從以上論述可以看出秦代的"書同
文字"政策是非常成功的,它已經打破了地域與文化的
障礙。裘錫圭先生認爲:"秦始皇統一全國後,除了以小
篆爲標準來統一六國文字以外,還命程邈'作隸書',對
民間的簡易書體進行了統一整理工作,正式承認它是小
篆的輔助。由於隸書比小篆好寫得多,到了漢代很快就
代替小篆成爲主要的字體。"② 這段話的意思是説,隸書
在秦朝時已經比較成熟,同時也説明隸書是在秦代的小
篆的基礎上進一步發展成熟的。而《帛書》中的文字正

---

① 祝敏申《〈説文解字〉與中國古文字學》,復旦大學出版社,
  1998 年,第 159 頁。
② 裘錫圭《從馬王堆 1 號漢墓"遣冊"談關於古隸的一些問
  題》,《考古》1974 年第 4 期。

好處於小篆與隸書之間。這讓我們在認識這一時期的俗字時，便能夠以小篆作爲正字來參照。不過，漢字從小篆到隸書無論是結構還是筆畫都發生了較大的變化，如何參照小篆便成了應首先解決的問題，這是對《帛書》俗字進行界定的基礎。我們認爲，雖然隸書相對小篆結構有較大變化，但結構上的關係仍是界定俗字的主要方面。《帛書》中的俗字就是相對小篆的結構，組成字的構件發生了改變，或者某一構件雖然沒有變爲另一構件但它本身發生了足以影響整字形體的變化，發生了這些變化的字就可以看作俗字。在這裏我們未提及俗字的"民間"性質，並不是對俗字的這一重要特點有所忽視。眾所周知，隸書的形成最初一般是在一些下層的文字使用者手中進行的，同時《帛書》的內容是一些醫理、藥方等，本身就屬於"俗"文獻的範疇，已暗含了其"民間"性。另外，這一界定亦未提及筆畫的變化，從小篆到隸書筆畫的變化是有一定規律的，也就是說，所有的漢字在這時筆畫上的變化是一致的，因此也就沒必要對此做出特別的說明。

二、俗字與其他異形字概念的聯繫與區別

(一)俗字與假借字

"假借"分"本有其字"的"假借"和"本無其字"的"假借"兩類。"本無其字"的"假借"是傳統"六書"之一，也是文字學史上爭論最多的一"書"。爭論的焦點主要集中在"假借"是造字法還是用字法？如果是造字法又是如何造字？"假借"產生的原因是一個新詞

位産生之後,沒有爲這一詞位造字,而是借用同音或音近的另外一個字來表示。從這一意義上説,"假借"本質上反映的是一個字位對應兩個或兩個以上詞位的關係。"本有其字"的"假借"又被稱作"通假"。"通假"與"本無其字"的"假借"有所不同。一個詞位已有與之相對應的"字位",卻又借用其他"字位"來表示。"本無其字"與"本有其字"都是"借它字爲己用"。一般來説,"本無其字"的"假借"是長期的,有時甚至是"借而不還",爲"借字"所專用,而被借字不再使用這一字形。"通假"則不同,"借"是暫時的,一個字在被借後並不影響到它在其他地方的使用。總之,"假借"與"通假"本質上是兩個詞位在用字上的關係,而俗字則是不同字形間的聯繫。因此,我們認爲俗字與假借字的聯繫與區別主要在以下方面。

① 假借在本質上是借音表義,表現在文字上是兩個詞位共用一個字位,借字與本字各有自己的音、形、義,雖然音、形相同但意義上的不同仍然使它們區別爲不同的詞位。俗字則衹是正字的字位變體。

② 借字與本字不可能在任何情況下通用,而俗字則可以通用。

③ 通假字容易"約定俗成",而俗字的隨意性則更强。當然俗字也可能"約定俗成"而上升爲正字。

(二)俗字與古今字

古今字是我國傳統訓詁學上的一個術語。《禮記·曲禮下》:"君天下曰天子,朝諸侯,分職授政任功,曰予一人。"鄭玄注:"余、予古今字。"歷代學者對古今字這一術語的解釋不盡相同。有人甚至把異體字、通假字都歸爲古今字。《説文解字》段玉裁注"誼"，"此則誼、義古今字……凡讀經者不可不知古今字。古今無定時，周爲古則漢爲今；漢爲古則晉宋爲今。隨時異用者謂之古今字。非如今人所言古文、籀文爲古字，小篆爲今字也。"段氏認識到了古今字是文字學上一個歷時的概念，並且認爲古今字與字體的演變無關。但他並未講明白到底什麽樣的"隨時異用"才是古今字。漢字的"隨時異用"有多種情況，如通假字、同源字、異體字、俗字都有可能出現"隨時異用"。

　　實際上，古今字是一種文字孳乳派生的現象。清王筠在《説文釋例》中説："一則正義爲借字所奪，因而加偏旁以別之者也；一則本字義多，既加偏旁，則衹分其一義也。"這句話説出了古今字的實質。隨著社會的發展，詞義的引申，一個字記錄的詞負擔的任務不斷增加，在達到一定限度後，這些字便可能不堪負重，爲了減輕負擔，便以孳乳派生的方式來創造新字分擔詞義。創造新字的方法便是"加偏旁"。"正義爲借字所奪"的情況則更好理解，爲了區別而造新字，造字方式也"加偏旁"。所以古今字在意義、形體、讀音上均有一定的聯繫甚至重合。《説文解字•乚部》："直，正見也。""直"又引申爲"正直""面對"等義。由於"直"承擔的意義過多，並且許多都是常用義，便另加"亻"旁，造"值"字來承擔"面對"等意義。《史記•酷吏列傳》："寧見乳虎，無值寧成之怒。"《説文解字》段玉裁注"值"："史漢多用直爲之。姚察云：'古字例以直爲值'。""值"便是爲

"直"之引申義所造的今字。

搞清了古今字的實質也就清楚了古今字與俗字的關係。

① 古今字是兩個字位,雖然在今字產生以前古字的意義包含著後出現的今字的意義,但今字一旦產生,二者在意義上就有了分工,並且一般來説不少古今字有讀音上的差異。

② 今字與俗字產生的實質不同。今字的產生是文字"不堪負重"而孳乳派生出來的,是人們在使用文字的過程中根據需要而創造的新字。俗字的出現則帶有更大的主觀性,是人們在使用文字時對某一個字的改造,是原字位的一個變體。

③ "俗字"與"古今字"也有一定的相似之處。正字與俗字有一個先後的歷史關係,二者在讀音、意義上完全相同,形體上往往相似。而在今字剛產生的階段,古字與今字讀音上相近甚至相同,意義也未完全分開,形體上今字是古字"加偏旁"或"改換偏旁"而成的,所以它們的聯繫是不言而喻的。因此,古今字有時很像是正字與俗字的關係,但我們祇要嚴格按照以上兩點區別,還是能把古今字與正字、俗字劃分開的。

(三)俗字與異體字

異體字多,是漢字的一大特點。什麼是異體字?《辭海·已部·異體字》:"音同義同而形體不同的字。即俗體、古體、或體、帖體之類。"《漢語大詞典·田部·異體字》:"音同義同而形體不同的字。即俗體、古體、或體之類。"從以上可以看出,《漢語大詞典》與《辭海》在對“異體字”的定義上有明顯的繼承關係。“音同義同而形體不同的字”就是同一字位的不同變體,並且以上兩個定義均把俗體列爲異體字的一類,説明二者有包含與被包含的關係。裘錫圭先生把異體字分爲廣義異體字與狹義異體字兩類:“異體字就是彼此音義相同而外形不同的字。嚴格地説,祇有用法完全相同的字,也就是一字的異體,才能稱爲異體字。但是一般所説的異體字往往也包括祇有部分用法相同的字。嚴格意義的異體字可以稱爲狹義異體字,部分用法相同的字可以稱爲部分異體字,二者合在一起就是廣義的異體字。”[1] 由此可知,俗字應屬狹義異體字的一類。

儘管如此,俗字與異體字還是有一定的差别。

① 俗字的範圍不如異體字廣,這在定義中就可以看出。

② 俗字的主要特點之一就是“俗”,它們大多是流行於一般文字使用者之間。有些異體字則不同,比如異體字中的古體字,一般的文字使用者可能很少使用它們,俗字則主要流行於民間。

(四) 俗字與同源字

王力先生在《同源字典·同源字論》中説:“凡音義皆近,音近義同或義近音同的字,叫做同源字。這些字有同一來源。”參照這一定義,似乎俗字與同源字有什麼聯繫,實際上二者有質的差别。同源字的産生與詞義的發展密切相關。社會在發展,語言亦隨之發展。在語

---

① 裘錫圭《文字學概要》,商務印書館,1988年,第205頁。

言的發展中詞彙是最活躍的因素。詞彙發展的重要原因之一是詞義的引申,詞義引申的結果就是不斷産生新義或派生新詞。爲這些"新義"或"新詞"所造的孳乳字就是同源字。孳乳字與原字分别承擔了不同的意義,但總有一個時期新詞與舊詞混用,這一混用時期往往會引起文字使用的混亂,並且一般來説孳乳字比原字較繁或某一偏旁有别,如果在産生孳乳字後還用原字,就可能被誤認爲是俗字。但"同源字説到底是以詞義爲係統而不是以字形爲係統,所以同源字實質上是詞彙問題而不是文字問題。"① 所以,我們可以得出以下兩點。

① 同源字的産生是漢語詞義發展的結果,是以詞義爲系統,本質上是不同的詞位。而俗字則是純文字問題,以字形爲系統,二者在這一點上的差異是我們認識它們的不同的根本立足點。

② 同源字是不同的詞的表現形式,也就是不同的字位。這些字位本身可能有不同的變體,但同源字之間的關係與正字和俗字的關係完全是兩個問題。

(五) 俗字與行書體、草書體字

行書與草書屬於書法學範疇,是書寫形式與書寫風格問題,而不是結構變化的問題。本文所述俗字主要是指結構上發生變化的字。是否屬於文字結構的變化、部件的變異,是鑒別俗字與行書體、草書體字的標准。本文所謂行書體、草書體字不同於與隸書、楷書、行書等

---

① 李玉潔《假借字與同源字》,《人大複印資料•語言文字學卷》1986 年第 1 期。

字體相並列的草書字體概念,而是指《帛書》的書寫者
爲了方便,在書寫時使一些字筆畫相連而形成的字。就
這類字的實質來說,它們無疑應歸爲俗字的一種。但本
文主要就結構的變化來研究俗字,筆畫相連造成的俗字
不容易從結構上進行分析,所以不把這一類字列爲研究
對象。不過這並不意味著我們否認它們是俗字。

(六) 俗字與訛誤字

訛誤字就是錯字。由於各種原因,在書寫時寫錯
字是很正常的。訛誤字並不是書寫者爲了簡省或其他
什麼原因才寫錯,而純粹是由書寫者自身素質造成的。
《帛書》的整理者一般把那些明顯的錯字用"<>"號標
出。事實上,《帛書》中真正的訛誤字並不很多,不影響
我們識別俗字。

以上從不同的角度分析了俗字與其他異形字概念
的區別與聯繫。漢字字形上的許多特點使這些異形字
往往不可避免地有所交叉,有時很難把它們截然分別開
來。這要求我們應以更審慎的態度仔細分析。

第二章 《帛書》俗字的判斷方法及其類型

談到俗字自然就會涉及俗字的辨識問題,《帛書》產生的時代爲我們判斷其中的俗字帶來了更多的困難。我們在總結前人考釋俗字有益經驗的基礎上結合自己的體會,總結了一些辨識《帛書》俗字的方法,利用這些方法考釋《帛書》中的俗字。

一、《帛書》俗字的辨識方法

(一)比較法:包括共時的比較與歷時的比較

共時的比較就是充分利用異文材料,《帛書》中有許多寶貴的異文材料,我們考釋俗字時必須充分利用。特別是《陰陽十一脈灸經》有甲本與乙本,二者内容基本相同,卻有較大的文字不同,其中的很多異文都是我們所要考證的。另外,《十問》與《卻穀食氣》也有很多相同或相近的内容,可資利用。傳世的《黄帝内經》成書年代頗多分歧,但大致不會晚於漢代。有學者認爲《帛書》中的一些内容是《黄帝内經》賴以成書的基礎。不管這一看法是否正確,二者在内容上有許多一致之處是非常明顯的。由於傳世文獻《黄帝内經》的文字時代相對較晚,在利用它時祇能作爲參考性的材科,沒有其他證據時一般不用。不過《黃帝內經》的成書年代與《帛書》的抄寫年代相去不遠,所以也把它列爲共時材料的一種。

歷時的比較就是以發展的眼光看俗字。一個字形的產生與發展不是孤立的,而是有一個歷史線索。從甲骨文到金文再到小篆,有一個清晰的變化過程,《帛書》中的俗字是漢字由小篆進一步發展時產生的一種文字現象,在漢字發展史中屬於過渡階段。漢字結構的變化也是一個歷史過程,漢字新的形體的產生總有這樣或那樣的原因,同時與它前後的形體有所聯繫。認識這種聯繫是辨識俗字的重要途徑。此外,《帛書》之後有許多關於俗字的字書、韻書(如《干祿字書》《九經字樣》《龍龕手鏡》等)可資參考。雖然這些字書或韻書屬於後時材料,但它們畢竟是當時的學者經遇總結前代用字和研究成果詳加考訂寫成的,對我們描述漢字發展史,認清一個字在某一具體時期到底有什麼樣的形體具有不可忽視的作用。

(二)歸納法:包括偏旁的歸納和意義的類比

偏旁的變化是俗字產生的重要形式,如果反其道而行之,把一些具有相同偏旁而又可能是俗字的字排列在一起,通過比較,就可以推斷出它們應屬於哪一個字位。由於受文獻內容的影響,在一種文獻中可能有許多俗字都改爲同一偏旁,《帛書》中從“月(肉)”旁俗字的考釋就利用了這一方法。把形體相近的一些字歸納在一起進行對比判斷也是偏旁歸納的一種有效方法。通過歸納,我們發現《帛書》中,“艸”“竹”不分,“言”“口”相混,“疒”“广”“厂”互換是文字使用中的一大特點。

有些字不能斷定它是否是俗字,也不能從形體上看出它的來源。在這種情況下意義類比的方法就顯得十分重要。所謂意義的類比就是把具有相同或相近意義的一組句子排列在一起,根據這些文句的意義,推斷那些不好判斷的字。下文"肕"字的考釋就是採用的這一方法。

(三)演繹法:演繹是相封於歸納而言的

利用演繹法考釋俗字就是利用俗字形體的一般特點推斷某一俗字的正字。例如,"艸""竹"不分,"言""口"相混,"疒""广""厂"互換是《帛書》俗字的特點。在考釋具有這幾個偏旁的俗字時,我們就可以利用這一條規律進行分析。例如,"庤"在文中是一種病,但不知道具體是哪一種病,根據上舉規律,我們就可以推斷出它應當是"痔"。下文我們通過考釋一組從"月(肉)"旁的俗字,可以歸納出一條規律:受文獻內容性質的影響,《帛書》中有許多俗字從"月(肉)"旁,從而在考釋其他從"月(肉)"旁的字時便可以利用這一規律。同時,這些從"月(肉)"旁的字也可以互證。

(四)參照《説文解字》

《説文解字》是漢字研究史上的里程碑式著作。盡管它出現在東漢,距西漢初的《帛書》已有幾百年,但《説文解字》是總結了秦漢甚至更早時期文字的特點寫就的,是我們所能看到的最早的分析字形的書籍。上文說過,所謂俗字是從漢字結構上來立論的,《説文解字》

基本上以小篆爲字頭，對小篆的形體進行了分析，《帛書》的字體恰巧是處於篆書向隸書發展的過渡階段。也就是説，《帛書》中的字體具有以《説文解字》的分析爲參照的基本條件。"《説文解字》實際上是戰國文字和秦漢文字的總匯。我們如果掌握了許慎著書的體例，可以利用這部字書當作研究秦漢文字發展史的主要依據。"①

　　小篆的特點是我們利用《説文解字》的基礎。秦統一六國後爲了統治的需要推行了"書同文"政策。這是一場成功的"正字"運動，這一運動的結果是在戰國文字的基礎上確立了小篆的"規範字"地位。李斯、趙高、胡毋敬等人"皆取史籀大篆，或頗省改，所謂小篆者也"並以範本的形式（《蒼頡篇》《爰歷篇》《博學篇》三篇）向全國推行。這是我國歷史上第一次有記録、有計劃，在政府的領導下進行的正字運動，是漢字發展史上的一件大事。它在繼承漢字傳統的基礎上，規範了漢字，使漢字從六國的"文字異形"中走出來，又因其"頗多省改"，符合漢字發展的潮流。官方行爲很自然地得到了文字使用者的承認。這次運動的功績主要是規範了小篆："一是確定了偏旁符號的形體……二是確定了形符在字體中的位置……三是戰國文字中可換用的形符很多，秦小篆多固定爲一種……四是每字的筆畫數基本固定……五是假借字多加形符成爲形聲字。"② 小篆的規

① 劉又辛、方有國《漢字發展史綱要》，中國大百科全書出版社，2000 年，第 225 頁。

② 劉又辛、方有國《漢字發展史綱要》，中國大百科全書出版社，2000 年，第 216–218 頁。

範使我們在研究這一時期的俗字時有了可資參照的正字。另外許慎撰寫《説文解字》的主要目的,是想通過對字體結構、造字源流及其本義的追溯和研究,給人們提供一個識字和正字的工具,以便於人們准確地理解每個字的音、形、義,從而使古代典籍得到正確的解釋,從這一意義上來看《説文解字》還是一部正字字典。因此,《説文解字》是研究《帛書》俗字不可或缺的工具書。

(五)適當通用古代漢語語法和修辭的知識

古漢語語法和修辭知識可以幫助我們判斷一個詞的詞性,弄清詞的搭配關係和詞的用法。有時明確一個字所表示的詞的詞性對我們考釋字形有很大的作用。

富然,以上方法並不是孤立的,也不是一成不變的。在考釋具體字形時應當靈活運用,彼此聯繫才能得出正確的結論。

二、《帛書》俗字的類型

《帛書》屬於漢字史上急劇發展變化的時期,用字上的特殊性帶來了俗字形式的多樣性。這些俗字或繁或簡,似乎混亂不堪。但如果我們能夠全面地考察這些俗字就會發現,俗字的産生與發展是有理性的,呈規律性的,並不是純粹的"混亂"。《帛書》中的俗字反映出漢字發展的規律、人們用字的習慣、用字與文獻的聯繫等問題。

劃分俗字的類型是一個比較複雜的課題,很難找到一合適的標準把全部俗字分爲不同的類別。俗字的産生有很多原因,它們的表現形式也是多種多樣。我們主要根據俗字相於正字的變化形式進行分類。這一標準基本符合《帛書》俗字的實際。

（一）簡省

簡化是文字發展的一般規律，漢字也不例外，隸書的産生就是人們使用文字"以趨簡易"的結果。簡省造成的俗字在《帛書》俗字中佔有重要地位。

1. 紅

《十問》67[①]："今四枝(肢)不用，家大紅，治之奈何？"

"紅"當是亂的俗字。亂在漢字展過程中有多種簡體。《帛書·春秋事語》中"亂"又寫作"爪"。

《春秋事語》75："故形伐已加而爪心不生。"

又80："邦治適(敵)爪，兵之所迹也。"

2. 埜

《戰國縱橫家書》228："昔者，埜久伐，中山亡。"

又254："今謂埜强大則有矣，若夫越趙、魏，關甲於燕，豈埜之任哉。"

《説文解字·林部》："楚，從林，疋聲。""林"省一"木"仍是"木"。《戰國策·趙策一》："昔者，楚人久伐而中山亡。"《戰國縱橫家書》中亦有不省的例子，如272-273："東面而伐楚。於臣也，楚不待伐，割執馬而西走，秦與楚爲上交。"可以看出"埜"乃"楚"的省旁俗字。

---

① 馬王堆漢墓帛書整理小組《馬王堆漢墓帛書》(肆)，文物出版社，1985年。本書所引內容，篇名後的數字是馬王堆漢墓帛書整理小組所加的《帛書》行號。

(二)增繁

漢字的發展並不是單一的趨於簡化,有時爲了適應漢字使用的需要或者審美的考慮等,繁化也是不可避免的。實際上如果粗略地考察一下漢字發展的歷程,就可以發現:甲骨文中有許多字的字形遠比小篆簡單得多,這可以看作繁化。而隸書中許多字的字形又比小篆簡單,所以在一層面上,我們可以説漢字經過了一個"簡—繁—簡"的過程。這一過程符合漢字發展的一般規律。而具體到某一時段、某一字形,繁化與簡化的運動就更爲複雜了。繁化是漢字發展中一種客觀存在的現象,增繁俗字則是這一現象所導致的結果。

1. 㮲

《雜療方》62:"(令蟲毋射方)每朝啜㮲二、三果(顆),及服食之。"

"㮲"字傳世字書不見,當是"柰"的俗字。《説文解字•木部》:"柰,柰果也。從木,示聲。"《玉篇•木部》:"㮲"同"柰"。通過對比可以看出,"㮲"當是"柰"。

2. 明

《十問》95:"王期見,秦昭王問道焉,曰:'寡人聞客食陰以爲動强,翁氣以爲精明。寡人何處而壽可長?'"

又97:"夏三月去火,以日爨享(烹),則神慧而蔥(聰)明。"

"明"即"明"的俗字。"明"在甲骨文中以"日""月"合體會意。《字彙•目部》:"明,俗以爲明暗之明。"《正字通•目部》:"明,田藝衡曰:'古皆從日、月作明,漢乃從目作明'。"漢魏碑刻中亦有多處用"明"而不用"明"。

（三）替換

所謂替換，是指構成漢字的某一部件被其他部件所代替。由替換造成的俗字，有些相對於正字是簡省，如"鼀"的俗字"螯"；有些則是增繁，如"熬"的俗字"爩"。但有些替換造成的俗字不能簡單地説是簡省還是增繁，所以我們單立一類來指稱這些俗字。

1. 𦉥

《五十二病方》127-128:"□而乾，不可以塗身，少取藥，足以塗施者，以美醯□之於瓦𦉥中，漬之□可河（和），稍如恒。煮膠，即置其𦉥於火上，令藥已成而發之。發之□□□□塗，冥以布，蓋以𦉥，懸之陰燥所。"

"𦉥"字傳世字書不見，當是"瓾"的俗字。《説文解字•瓦部》:"瓾，似小瓿，大口而卑，用食。從瓦，扁聲。"瓾是一種陶器。上文例中"瓦𦉥"連用，可以看出"𦉥"亦當是一種陶器。"瓦""缶"在意義上相通，作爲意符可以互換，"𦉥"當是"瓾"的換旁俗字。

2. 戉

《春秋事語》71:"公使人戉隱公□□。"

"戉"當是"攻"的俗字。《説文解字•攴部》:"攻，擊也。從攴，工聲。"由於"攴"作爲"攻"的意符不是一目了然，而"戈"是一種兵器更能表現"擊"的意義，所以便以"戈"換"攴"形成俗字。

（四）移位

漢字構字部件位置不同往往意味著字的不同。就俗字而言,構件的位置變化,字位與詞位的關係並不改變。所謂移位,就是指構成漢字的部件的位置關係發生了變化,但又未改變它所對應的詞位。由移位造成的俗字無所謂簡省與增繁。

1. 𣤶

《雜療方》62:"(令蝕毋射方)每朝禁𣤶柰二、三果(顆),及服食之。"

又63:"一曰:每朝𣤶蘭實三,及𣤶菱芰。"

"𣤶"即"啜"的俗字。《説文解字·口部》:"啜,嘗也。從口,叕聲。"屬移位俗字。

2. 釦

《五十二病方》45:"嬰兒索痙:索痙者,如産時居濕地久,其胃直而口釦,筋攣難以伸。"

《諸病源候論》卷42《妊娠痙候》:"體虛受風而傷太陽之經,停滯經絡,後復遇寒濕相搏,發則口噤背強,名之爲痙。"也是講婦女身體受風濕産生的病症,與上舉文例有一定的相同之處,爲我們辨識"釦"字提供了線索。"口釦"常與"口噤"有關。《説文解字·口部》:"噤,口閉也。從口,禁聲。""口噤"即"口閉",是人受風濕,筋攣時的常見症狀。"口釦"亦有口閉義。《説文解字》中無"釦"字,但有"唫"字,《口部》:"唫,口急也。從口,金聲。""唫"亦有"口閉"義。《墨子·親士》:"臣下重其爵,位而不言,近臣則暗,遠臣則唫,怨結於民心。""唫"用來指"遠臣"的"位而不言"有"口閉"義。《呂氏春秋·重言》:"君呿而不唫,所言者莒也。"高誘注:"呿,開;唫,閉。"並且"禁""金"的古音均

爲"見母侵部","唅"與"噤"是同源詞。而"釦"祇是
"唅"的移位俗字。

3. 辟

《春秋事語》47:"□叔□【曰】君胡【不以】屈產之
乘與垂革辟假道於虞？"

《戰國縱橫家書》274-275:"燕使蔡烏股符肤辟,間
趙入秦。"

"辟"即"璧"的移位俗字。"璧","從玉,辟聲",聲
符是一個整體,"辟"折分了"璧"的聲符,變上下結構
爲左右結構。

（五）重新創造

上文所謂簡省、增繁、替換或移位的俗字都是在原
字形的基礎上的變化,進而形成的俗字。重新創造的俗
字,是指利用新的與原字形不同的構字部件創造的新
字。就整個字形來説,重新創造的俗字可能比原字形簡
單,也可能比原字形複雜。

1. 肯

《陰陽脈死候證》86:"三陰肯髒爛腸而主殺,□□
五死:唇反人盈,則肉【先死】……"

"肯"字《説文解字》不見,此處當是"腐"的俗字。
《説文解字•肉部》:"腐,爛也。從肉,府聲。"而"府"
又從"付"聲,故"腐"的聲符可改爲"付"。而意符
"月"是"肉"的變形。上文所舉例是指内臟"腐爛"對
人的危害,即有五種致人於死的病症,以"肯"爲"腐",
意義可通。《素問•異法方宜論》:"南方者,天地所長

壽,陽之所盛處也,其地下水土弱,霧露之所聚也。其
民嗜酸而食胕。"王冰注:"言其所食不芳香。"又《風
論》:"癘者,有榮氣熱胕,其氣不清,故使其鼻柱壞而色
敗,皮膚瘍潰,風寒客於脈而不去,名曰癘風,或名曰寒
熱。"王冰注:"合熱而血胕壞也。"《帛書‧五十二病方》
359:"(治痂方)取三歲豬脂膏,傅之。燔胕荊箕,取其
灰□□三□□。""食胕"就是"吃腐爛的東西"即"所
食不芳香。""胕壞"即"腐壞","胕荊箕"即"腐敗的荊
箕"。"胕"與"胕"祇是構字部件的位置不同,它們均
是"腐"的俗字。《十問》35 又有"腐"字可以比勘。

2. 飯

《戰國縱橫家書》232:"疏分趙壤,箸之飯盂,屬之
祝籍。"

《戰國策‧趙策一》:"叁分趙國壤地,著之槃盂,屬
之讎柞。"《說文解字‧木部》:"槃,從木。般聲。鑿,古
文從金。"段玉裁注:"蓋古以金,後乃以木。"又:"盤,
籀文,從皿。"段玉裁注:"今字皆作盤。""缶""皿"都
與容器有關,義可通。"般""反"音近,所以俗書便以
"飯"爲"盤"。從《說文解字》中也可以清楚地看出
"盤"的義符變化過程,說明在不同的時期,漢字表義的
偏旁都有可能發生變化,但這些變化並不是隨意的,它
們一般有意義上的聯繫。而聲符祇要是音同或者音近
即可相互替換。

(六)利用古字

漢字的發展使得許多舊字形被棄置而不用,另有

許多新字形被創造出來,這就是漢字的"新陳代謝"。有時這些"棄字"因種種原因又會被人們重新利用,有的被用作原字,有的甚至可能被用作它字,我們把這一類字也歸爲俗字。

1. 苣

《五十二病方》275-276:"疽,以白薇、黄苣、芍藥、甘草四物煮……日四飲。"

"苣"當即是"藷"字。《五十二病方》271:"疽病:冶白蘞、黄藷、芍藥、桂、薑椒、茱萸,凡七物。"與上舉藥方均是治"疽"病,且前三味藥都是一樣的。考察異文,"苣"應該就是"藷"字。《玉篇•艸部》以"苣"爲"藷"的古文。從形體上來看,"苣"的書寫要比"藷"簡單。實際上許多"古文"都要比"今文"在結構上"簡單"些,比如甲骨文中的許多字。在有今文的情況下用古文,我們也認爲此"古文"已下降到俗字的地位。

2. 思

《春秋事語》64-65:"誰則不思,墜覺崇仇,以思諸侯,難以霸矣。"

《説文解字•心部》:"懼,恐也。從心,瞿聲。思,古文。"《帛書》中亦有不用此"古文"的例子。《戰國縱橫家書》45:"今王以衆口與造言罪臣,臣甚懼。"又,118:"皆言王之不信薛公,薛公甚懼,此不便於事。"可能是書寫者認爲"古字"的書寫要比"今字"簡單,所以用了"古字"。也可能是書寫者沒有意識到自己寫的是"古字",而是個人封"懼"字的簡寫。

（七）隸變中的形訛

隸變是漢字史上由秦篆向隸書變化過程中各種現象的總稱。隸變前後的漢字發生了巨大的變化。這一過程中，形訛是不可避免的，這也是產生成俗字的原因。

1. 筴、刺

《五十二病方》153：“（治癃方）冶筴蒉少半升，陳葵種一□，而☒。”

《養生方》83：“即用之，操以揗玉筴，馬因驚矣。”

又93：“已，取汁以□□□布□□漬，汁盡而已。□用之，濕□□操玉筴，則馬驚矣。”

《十問》12：“鳴雄有精，誠能服此，玉筴復生。”

《五十二病方》252：“茜者，荊名曰盧茹，其葉可烹而酸，其莖有刺。”

“筴”是“策”的俗字。《說文解字》“冊”，段玉裁注：“筴者，策之俗也。”《集韻·麥韻》：“策……或作筴。”《顏氏家訓·書證篇》：“簡策字，竹下施束，末代隸書，似杞宋之宋，亦有竹下，遂爲夾者，猶如刺史之傍應爲束，今亦作夾。徐仙民《春秋》《禮音》遂以筴爲正字，以策爲音，殊爲顛倒。”在這裏顏之推很清楚地指出了“筴”即“策”的俗字。所以，“筴”有“簡冊”義。《國語·魯語》：“文仲聞柳下季之言，曰：‘倍吾過也，季子之言不可不信也’使書以爲三筴。”韋昭注：“筴，簡書也。”這一字形後世亦有沿用，魏孝文帝《吊比干文》“策”作“筴”，當是“筴”的形變。漢《景君碑》作“筴”，漢《張

角殘碑》亦作“荚”,可資印證。慧琳《一切經音義》卷
一八《大乘大集地藏十輪經》第二卷音義:“策或作笅。”
裘錫圭先生認爲:“秦漢篆文和古棣‘朿’旁有寫作
‘夾’等形的,‘刺、策’的俗體的‘夾’旁顯然是由它們
訛變而成的,‘棗’‘棘’俗體的‘來’旁也應是‘朿’的
訛形。”①顯然,“刾”當是“刺”的俗字。魏《吳郡王肅
正表墓誌》作“刾”,唐《京兆口思道墓誌》作“刾”。慧
琳《一切經音義》卷一二《大寶積經》第三十六卷音義:
“毒刺,此恣反……從刀,朿聲也。經文作刾,俗字也。”
從這兩個字可以看出,漢字棣變過程中的訛變是俗字産
生的重要原因之一。

2. 豪

《五十二病方》16:“金傷者,以肪膏,烏豪口口皆
相口煎,施之。”

又 17:“傷者,以續根一把,獨口長枝者二梃,黃苓
二梃,甘草口梃,秋烏豪二。”

又 67:“取牛胆、烏豪、桂,冶等,瀫口,【熏】以口病。”

又 259:“冶藨蕪本,防風、烏豪、桂等,漬以淳酒而
丸之,大如黑菽而吞之。”

另外,《五十二病方》280、347、350、353、354、366、
413;《養生方》26、70、121、124.125、148、175、178,均
有“烏豪”這一藥名。

“烏豪”就是傳世醫書中的“烏喙”②。《説文解

---

① 裘錫圭《漢語俗字叢考・序》,岳麓書社,1995 年,第 2 頁。
② 張顯成《簡帛藥名研究》,西南大學出版社,1997 年,第 138 頁。

字·口部》:"喙,口也。從口,彖聲。"《帛書》常以聲符
字代替本字,所以"喙"可寫作"彖"。《説文解字》小
篆,在隸變過程中,"彖"的上面部分被改寫作"從立",
而造成俗字。

第三章 從《帛書》俗字看漢字形聲化的發展

　　形聲造字法是意音文字造字的基本原則,形聲字是意音文字區別於圖形文字與表音文字的基本特徵。據統計,甲骨文中形聲字所占的比例爲 20% 左右。[1] 而到了東漢時期,《説文解字》所收 9353 字中形聲字有 8233 個,占到 87% 以上。[2] 根據這兩個資料的對比,從"六書"的角度講,漢字是沿著形聲化的方向向前發展的。這一發展趨勢決定了後代漢字體係的性質。後世產生的新字多以形聲字爲主,到了現代漢字,形聲字的比例更达 90% 以上。從漢代始,漢字就進入了以形聲字爲主的文字發展階段。漢字爲什麼會沿著形聲化的方向發展?漢字是怎麼沿著形聲化的方向發展的?它的表現形態如何?這些是我們研究漢字發展史時不可回避的問題。前輩學者對這一問題多有研究並取得了很多成果。《帛書》中的俗字有相當一部分以形聲字的面目出現,這些俗字可以讓我們從一個側面,也就是一

---

① 王鳳陽《漢字學》,吉林文史出版社,1989 年,第 455 頁。

② 王寧、李國英《論〈説文解字〉的形聲字》載曹先擢、董希謙、王寧等,《〈説文解字〉研究》(第一輯),河南大學出版社,1991 年。

般文字使用者"用字"的角度,認識漢字形聲化的發展規律及其表現形式。

一、對形聲字的認識

"形聲"作爲"六書"之一,其基本特徵就是表音和表義分別由單字的一部分承擔。許慎在《説文解字》中説:"形聲者,以事爲名,取譬相成。江河是也。"段玉裁注:"形聲","劉歆、班固謂之象聲,形聲即象聲也。其字半主義、半主聲。半主義者,取其義而形之;半主聲者,取其聲而形之。不言義者,不待言也。得其聲之近似,故曰象聲、曰形聲。鄭眾作諧聲,諧,洽也,非其義。"又解釋:"以事爲名,取譬相成","事兼指事之事、象形之物,言物亦事也。名即古曰名,今曰字之名。譬者,諭也。諭者,告也。以事爲名,謂半義也;取譬相成,謂半聲也……其別於指事、象形,指事、象形獨體;其別於會意者,會意合體主義,形聲合體主聲。聲或在左,或在右,或在上,或在中,或在外。亦有一字二聲者,有亦聲者,有會意而兼形聲者也。有省聲者,即非會意,又不得其聲,則知其省某字爲之聲也。"唐賈公彥:"諧聲即形聲。江、河之類是也。皆以水爲形,工、可爲聲。書有六體,形聲爲多。"南唐徐鍇係傳:"諧聲第四,無形可象,無事可指,無意可會,故作諧聲……故立體於側,各以聲韻別之。六書中之最爲淺末,故後代滋益多附焉。"宋張有:"諧聲者,或主母以定形,或因母以主意,而附它字爲子,以調合其聲者也。"宋鄭樵:"諧聲與五書同出,五書有窮,諧聲無窮;五書尚義,諧聲尚聲。天下有有窮之

義,而有無窮之聲。諧聲者,合聲成字不可勝舉。"① 以
上各家雖然表述不盡相同,但都表達了一個信息,那就
是他們都把形聲字分解爲"聲"和"義"兩部分。王力
先生也説:"形聲字是由意符和聲符兩部分組成的。意
符表示形聲字的意義範疇,聲符表示形聲字的讀音。"②
從以上論述可以看出,古今文字學家都採用"二分法"
的形式把形聲字的形體切分爲兩部分,即聲符和義符,
這種切分符合形聲字的實際。文字記錄語言,實際上就
是以其形體去標記語詞的音和義。因此,文字形體與語
詞就可能有三種不同的聯繫:衹有音的聯繫,衹有義的
聯繫,音、義聯繫皆有。劉又辛先生認爲漢字經歷了"象
形、假借、形聲"三個發展階段。③"象形"就是描摹事
物的形狀以顯示意義,這時漢字與語詞的聯繫主要是意
義上的;"假借"實質上是借音表義,與語詞的聯繫主要
是語音上的,但這兩種表現形式都有其局限性。人們不
可能把所有的語詞都用象形的方式表示出來。"假借"
的本質決定了勢必有一個字位表示不同詞位,這容易造
成用字的混亂。而形聲造字法解決了這些問題,它分別
以聲符與語詞的語音相聯繫,以義符與語詞的意義相聯
繫。從造字層面上講,義符與音符結合具有很强的能產
性和區別性,決定了形聲造字法有强大的生命力,同時

---

① 以上文字均引自丁福保《説文解字詁林》(一),中華書局,
　1988年,第1516頁。
② 王力《古代漢語》(修訂本),中華書局,1981年,第162頁。
③ 參見劉又辛、方有國《漢字發展史綱要》,中國大百科全書出
　版社,2000年。

"半主形、半主義"的構造方式有很好的視覺效果,符合人們認識事物的一般規律。

俗字大多産生在下層文字使用者筆下,他們可能沒有多少文字學的知識,對"形聲"造字法的優點沒有多少理性認識,但他們在使用漢字時不自覺地被形聲字的特點所"感染",很容易把形聲字甚至非形聲字分爲兩部分,這樣更有利於他們識讀、記憶。這一觀念深入到漢字的書寫中,就表現爲把一些本來不是形聲字的字改爲形聲字。對於本來就是形聲字的字,有時爲了書寫的方便,有可能把聲符或義符改爲一個較簡單的形體。有時受上下文内容、書寫材料特點或其他原因的影響,把義符或聲符改爲書寫者主觀上認爲更合理的形體,這時不一定是簡化,也有可能是繁化。

以上分析了文字學家與一般文字使用者對形聲字的認識。雖然二者認識理解形聲字的角度與深度都有較大的差異,但他們均以解剖形聲字作爲認識這一類漢字的基礎。産生這種殊途同歸的觀點的原因是漢語、漢字的特點以及深層的民族思維形式、民族心理、民族文化的積澱。

二、漢字形聲化在《帛書》俗字中的表現形式

(一)形聲字的變化

1.改換聲符

聲符標識形聲字的讀音。在造字之初,聲符字與形聲字在讀音上應該是完全相同或是十分接近的,但隨著

歷史的演進以及方言的差異,二者的讀音可能產生一定的不同,甚至相差較遠。於是人們在使用這些字時,便可能改換一個更能體現當時、當地該字讀音的聲符。聲符"主聲",從理論上講,祇要一個字與聲符字同音或音近,二者就可以替換,替換之後並不影響聲符的表音功能。所以書寫者便可能因爲書寫簡單或者僅僅是個人的習慣,甚或是對某字的熟悉程度而改換聲符,造成俗字,例如:

(1)饊

《養生方》175-177:"【一曰】烏喙五,龍慨三,石韋、防風、伏兔(菟)各□,陰乾,□□□□□□□□去其羚□□蠱(冶)五物,入酒中一日一夜,浚去其滓,以汁漬饊飯,如食【頃】,□□乾,乾又復□□乾,索汁而成。"

"饊"當是"餐"的俗字。"餐"字《說文解字》不收,但金文中已出現,"人餐教備恁"(《中山王鼎》)。祇是作"食"在左、"攵"在右的左右結構。當是《說文解字》漏收字。《廣雅·釋器》:"饋飯謂之餐。"王念孫疏證:"《經典釋文》引《倉頡篇》:'餐,饋也。'"《說文解字·食部》:"饡,滫飯也……或從贊。"因此,"餐飯"就是"饋飯",也就是"滫飯",是一種滫粉拌和米烹調成的飯。在意義以"餐"釋"饊"可通。《龍龕手鏡·食部》以"饊"爲"餐"的俗字。"修"與"脩"均從"攸"聲,古音均爲"心母幽部"[1],"餐"與"饊"在讀音上亦可通。朝鮮

---

[1] 如無特殊說明,本書所引古音均來自郭錫良《漢字古音手冊》,北京大學出版社,1987年。

本《龍龕手鏡·食部》又有"飱"字。張湧泉先生認爲是"飱"的俗訛,釋爲"餐"的俗字①,可相互參照。

（2）搗

《五十二病方》68:"以黄芩,黄芩長三寸,合廬大如□□豆卅,去皮而並冶□□□□□□搗而煮之,令沸,而潛去其宰(滓)。"

"搗"當是"擣"的俗字。二者均從手部,且"鳥"是"島"的聲符,而"鳥"書寫起來較"島"簡單。《正字通·手部》:"搗,俗擣字。"《干禄字書》:"搗、擣,上俗下正。"慧琳《一切經音義》卷十《仁王護國陀羅尼經》音義:"擣,經文從鳥作搗,俗字也。非正體。"《敦煌變文集·妙法蓮華經講經文》:"令人搗合交如法,及月收必異常。"明黄道周《將出關薦賢疏》:"出富陽,踰余杭,抵溧水,搗其中扃。"上舉兩例以"搗"釋"擣"均文從字順,"搗"是"擣"的換聲符俗字。

（3）熻

《五十二病方》25:"令金傷毋痛,取薺孰(熟)乾實,熻令焦黑,冶一;术根去皮,冶二。"

又30-31:"痙者,傷,風入傷,身信(伸)而不能詘(屈)。治之,熻鹽令黄,取一斗,裹以布,卒(淬)醇酒中,入即出,蔽以市,以熨頭。熱則舉,適下。爲□裹更【熨,熨】寒,更熻鹽以熨,熨勿絶。"

"熻"當是"熬"的換旁俗字。《説文解字·火部》:"熬,乾煎也。從火敖聲。"上文所舉文例均是講製藥的

---

① 張湧泉《漢語俗字叢考》,中華書局,2000年,第1123頁。

方法，"爐令焦黑"就是"乾煎使之焦黑"。"爐鹽令黃"就是"把鹽乾煎成黃色"。"爐"顯然從"嚣"聲，"嚣"與"敖"古音分別爲"疑母宵部""曉母宵部"，韻同聲近，故"熬"可以改換聲符爲"爐"。《五十二病方》61："取丘（蚯）引（蚓）矢二升，以井上壅斷處土與等，並熬之。"已有"熬"字而用"爐"，顯然後者是俗字。這個字表明，俗字並不一定是簡化，"嚣"書寫起來要比"熬"要複雜一些。也可能是因爲書寫者的方言讀音中"嚣"音更近於"熬"。

（4）潰

《五十二病方》43："傷脛（痙）者，擇薤一把，以敦（淳）酒半斗者（煮）潰，【飲】之，即溫衣陜（夾）坐四旁，汗出到足，乃口。"

又44："冶黃黔（芩），甘草相半，即以鼳膏財足以煎之。煎之潰，即以布足（捉）之，予（抒）其汁，口傅口。"

又161-162："【冶】之，黑叔（菽）三升，以美醯三口煮，疾炊，潰，止火，潰下，復炊。參（三）潰止。浚取【汁】。"

《説文解字·鬲部》："鬻，涫也。從鬲沸聲。"段玉裁注："今俗字涫作滾，鬻作沸。"又《水部》："沸，畢沸，濫泉也。從水，弗聲。"段玉裁注："今俗以沸爲鬻字。"《五十二病方》69："口口口口口口搗而煮之，令沸，而去其宰（滓）。"又159："燔煆口口口口火而焠酒中，沸盡而去之，以酒飲病【者】。"又172："以酒一音（杯），漬襦頸及頭垢中，令沸而飲之。"説明《帛書》中已用"沸"代"鬻"字，"沸"也就是"涫"，其義爲"滾"，指"液體沸騰"。而"潰"當是"沸"的俗字。從意義上講,"潰"
同"灒"沒有問題;從語音上講,"潰"從費聲,"沸"從
弗聲,而費又從弗聲,可通。《玉篇·水部》:"沸,泉湧出
貌。潰同沸。"《玉篇》的年代去西漢未遠,說明"潰"作
"沸"的俗字曾流傳過一段時間。後世辭書也有記載,
如《集韻·未韻》:"潰,泉湧出貌。"既然在"泉湧出貌"
的意義上"沸"可作"潰",那麼在"沸騰"的意義上二
者相通也是可以理解的。

(5)砏、砭

《脈法》75:"用砏啓脈者必如式,癰(癰)種(腫)有
膿,則稱其大小而□□之。□□有四【害】:膿深砏淺,
謂之上〈之〉不遝,一害;膿淺而砏深,胃(謂)之過,二
害;膿大而【砏小】,□□而大□□□,【三害;膿】小而砏
大,胃(謂)之砏□,砏□者,石食(蝕)肉也,四害。"

《五十二病方》221:"積(癪),先上卵,引下其皮,
以砭穿其【隋(膸)】旁;□□汁及膏□,撓以醇□。"

"砏、砭"均不見於《說文解字》,當是"砭"的俗字。
《說文解字·石部》:"砭,以石刺病也。從石,乏聲。"以
上所舉例中"砏、砭"亦當是刺病之義。"砏"聲符爲氾,
"氾"與"乏"古音分別爲"滂母談部""並母葉部",聲
母發音部位相同、韻是陽入封轉,音近可通。"氾"又從
"巳"聲,故"砏"可以省作"砭"。《玉篇·石部》:"砭,刺
也,以石刺病也。砭,同上。"此俗字也見載於後世文獻,
如《集韻·鹽韻》:"砭或作砭。"另《太素》中又有"砭"
字,當是"砭"的訛誤俗字,因二者形體極近而誤。慧琳
《一切經音義》卷九九《廣弘明集》第三十卷音義以"砭

”爲“砳”,可以相互參照。

關於形聲字聲符的改換問題,方言音也是一個不容忽視的因素。現在對古代的方言音,我們已經很難有較精確的認識,但它的存在確實影響到了漢字的發展變化,特別是俗字,這一現象在現代漢字中仍然可以找到證據。長江中下游一帶有一個“杕”字,是“樓”的俗字,它的産生就是在當地方言中“六”和“樓”同音,而“六”較“婁”寫法簡單;廣西柳州則以“杕”爲“柳”,也是方言音的原因。重慶市北碚區有一個小鎮澄江,但在小鎮的一些牆壁上到處可見“泟江”“泟江鎮”之類的文字。《説文解字》以“泟”爲“泜”的或體,意思是“棠棗之汁”,與“澄”字無關。而且當地人亦不大可能想到什麽通假之類,它的産生原因同“杕”字一樣,是方言音在起作用。通過這兩個現代百姓用字的例子可以看出,方言音對形聲字的影響是存在的,在考釋因聲符改變而造成的俗字時,不能僅僅認爲改換後的聲符應該與本字完全同音,還要充分考慮方言音的作用。因爲方言音的不同而造成俗字,在一定程度上更能説明漢字形聲化發展已深入人心。

2. 改換義符

形聲字的義符一般是標注意義類別或者表現意義的某一方面,其表意功能是籠統的。表達同一意義類別可以用不同的義符,雖然義符不同,但它們都可以表達與形聲字有關的意類。一個形聲字所表示的詞位屬於不同的意義類屬,義符的不同,也就是意義類屬的選取不同(我們稱這種現象爲義符的“意義取向”不同)。

正如事物的命名過程是一個意象選擇的過程,這種意
象的選擇有時與對象的形狀有關、有時與對象的功能
有關、有時與對象的品質有關,在事物命名時這些意象
都有被選取的可能性。形聲字義符的選擇也是一樣的
道理,衹是形聲字的變化有更强的靈活性,而事物一旦
被命名就有較强的穩定性。改換義符的俗字,新的義
符都與原義符所表示的意義相關或相近,或者與形聲
字本身的意義相關或相近。《帛書》俗字是產生在下層
文字使用者手中,它們不一定嚴格按意義相關或相近
的原則來改換形聲字的義符,恰恰相反,有時可能僅僅
是兩個義符形近而改換,有時可能是書寫者個人認爲
兩個義符有意義或形體上的聯繫而改換。

(1)埿

《雜禁方》1-5:"又(有)犬善皋(嗥)於壇與門,埿
井上方五尺。夫妻相惡,埿戶□方五尺。欲微貴人,埿
門左右五尺。多惡薨(夢),埿床下七尺。姑婦善鬥,埿
戶方五尺。嬰兒善泣,涂琇上方五尺。"

"埿"當是"涂"的俗字。上面是一個迷信的方子,
指人們有所求時,用泥塗抹某一個地方,可以如願。《説
文解字•水部》:"涂,水。出益州牧麛南山,西北入灊。
從水余聲。"段玉裁注:"古道塗,塗墍字皆作涂。"《墨
子•節葬下》:"今王公大人之爲葬埋……曰必捶(埵)
埿。"畢沅校:"埿當爲涂,《説文解字》《玉篇》無埿字。
言築涂使堅。""涂"要用泥,可能是後代的人認爲"埿
"字表達的意義與"泥土"更爲接近,且"涂"之本義爲
"涂水",所以改換義符以相區別。"涂"字後世作"塗",

而"垛"則可能是從"涂"到"塗"的一個過渡字。

(2)灺

《陰陽灸經甲》63-64:"(足少陰脈)【是動則病:】喝喝如喘,坐而起則目瞙(𥆧)如毋見,心如懸,病饑,氣【不足】,善怒,心腸(惕)恐【人將捕之,】不欲食,面黭若灺色,欬則有血。"

"灺"當是"灺"的俗字。上引"灺"字所在句子,《陰陽灸經乙》12作:"面黭若灺色。"通過比較異文可以看出,"灺"即"灺"字。《説文解字·火部》:"灺,燭燼也。從火,也聲。"而"灺",字書不見。《説文解字·黑部》:"黭,果實黭黯,墨也,從黑,弇聲。""面黭若灺色",就是"臉象燭灰一樣黑"。"面黭若灺色",亦表達同樣的意思。可能書寫者認爲以"火"作義符不能明顯地表達"黑"的意義,而"炭"則可以,並且"炭"與"火"在形體上也有相同的部分,所以給"灺"改換義符造成俗字。

(3)潸、潸

《十問》32-34:"善治氣者,使宿氣夜散,新氣朝最(聚),以徹九徼(竅),而實六府。食氣有禁,春辟(避)濁陽,夏辟(避)湯風,秋辟(避)霜潸,冬辟(避)淩陰,必去四咎,乃深息以爲壽。朝息之志,亓(其)出也潸合於天。亓(其)入也楑(揆)坡(彼)閨誦。如臧(藏)於淵,則陳氣日盡,而新氣日盈,則刑(形)有雲光。"

考之字書"潸"字不見。但《帛書·卻穀食氣》中的文字爲我們提供了線索。《卻穀食氣》1-3:"春食一去濁陽,和以【銧】光,朝暇(霞),【昏清】可。夏食一去湯風,和以朝暇(霞),行暨,昏【清可】。秋食一去□□,霜

霜(霧),霜霜(霧)和以輪陽、銚,昏清可。冬食一去淩
陰,【和以】□陽、銚光、輪陽、輪陰,【昏清可】。"與《十
問》中的内容一樣都是講"食氣"的禁忌,通過對比異
文可以看出,"潛"字與"霜(霧)"同義,但二者在字形
上相差較遠,"潛"字當是"霜"的俗字。《説文解字・雨
部》:"霧,天氣下,地不應曰霧。霧,晦也。從雨督聲。"
又,"霜,地氣發,天不應曰霜。從雨,秋聲。雾,籀文霧
省。"段玉裁對此進行了考辨,"霜","其他經史雾、霧、
霧三字往往淆謁。"又"霜","霜者,俗字,一本作霜,非
也。"可以看出,"霜"與"霧"雖然在意義上有所區别,
但其混淆使用是古已有之,並且《説文解字》對它們的
解釋亦有相通之處。所以《帛書》中以"霧"爲"霜"是
可以理解的。而"潛"則應該是"霧"的换旁俗字,義符
"雨"與"氵(水)"在意義上的聯繫是不言而喻的。"潛
"則是"潛"的進一步俗省。《漢語大字典・水部》:"潛,
音義未詳。"並引《字彙補・水部》:"潛,音義未詳。《新
書・匈奴》:'以匈奴之饑,飯羹啗膲龠,喗潛多飲酒。"今
從《帛者》來看"潛"可能是"潛"的俗省。①

(4)鱉

《雜療方》76:"一曰:刑鱉,飲其血,蒸(蒸)其肉而
食之。"

《十問》85-86:"舉鳧雁、鵠、蕭(鸙)相(鸙)、蚖檀
(蟺)、魚鱉、鱟(蝳)動之徒,胥食而生者也;食者,胥臥

_____

① 參見毛遠明《〈漢語大字典〉缺音缺義試補》,劉又辛先生
九十壽辰學術討論會,2002 年 4 月,重慶。

而成者也。"

"鳖"當是"鼈"的俗字。《玉篇·蟲部》："鳖,亦作鼈。"《集韻·薛韻》："鼈,《說文解字》:'甲介蟲'也。或從虫、從魚。""從虫"的字"鳖"是一個或體,亦即俗體,應是因爲"鼈"字下部寫起來比較復雜,同時《說文解字》釋"鼈"爲"甲介蟲",從意義上看起來與"蟲"的聯繫更密切,所以便爲"鼈"字改換義符而成"鳖"字。

（5）吔

《五十二病方》80："濡,以鹽傅之,令牛吔之。"

這是一則用鹽誘使牛舐食的方劑。《千金要方》卷二十五："牽牛臨鼻上二百息,牛舐一必差。牛不肯舐,著鹽汁塗面上,牛即肯舐。"可見"吔"當與"舐"有關。《說文解字·舌部》："舓,以舌取食也。從舌,易聲。舐,或從也。"段玉裁注："或作舐。""舐"即"舐"字。"吔"《說文解字》等字書不見,當是"舐"的換旁俗字。義符"口"與"舌"在意義上有聯繫,二者可以相通互換。

（6）炪

《五十二病方》266-269："燔所穿地。令之乾,而置艾其中,置柳蕈艾上,而燔其艾、蕈;而取盍,穿其斷,令其大圓寸,以復(覆)之。以土雍(壅)盍,會毋口,煙能炪,即被盍以衣,而毋蓋其盍空(孔)。即令痔者居(踞)盍,令直(腄)直(值)盍空(孔),令煙熏直(腄)。"

"炪"當是"泄"的俗字。這是一則治"痔"的方劑,把底部穿有小孔的盍(一種陶器)倒扣在燃著艾、蕈等草藥的坑上,讓有"痔"的人蹲在盍上,用盍中泄出來的煙來熏"痔"。以"泄"的意義來解釋"炪"所表示的意義,文從字順。考其來源,應與此方劑的内容有關。"泄"字從"水",本義是"泄水";而此方是"泄煙以熏痔",受"煙"的類化,再加上"煙"與"火"在意義上的關係在直覺上比"水"更爲密切,因此便改"火"爲其義符。

(7)戈汑

《足臂灸經》3-4:"(足太陽脈)其病:病足小指廢,膊(腨)痛,郄攣,脽痛,産寺(痔),要(腰)痛,夾(挾)脊背痛,□痛,項痛,手痛,顔寒,産聾,目痛,戈汑,數癲疾。"

又11:"(足陽明脈)其病,病足中指廢,胻痛,膝中穜(腫),腹穜(腫)乳内兼(廉)痛,口外穜(腫),頯痛,戈汑,數熱汗出,脞瘦,顔寒。"

"戈汑"當分別是"軌朒"的俗字。《靈樞·經脈篇》:"(足太陽之脈)是主筋所生病者:痔、瘧、狂、癲疾、頭顖項痛,目黄,淚出,鼽衄,項、背、腰、尻、膕踹、脚皆痛,小趾不用。"《足臂灸經》中的文字與《經脈篇》中的這一段文字都是講經脈的循行及其所産生的病症。把二者進行對比,不同之處在於後者所舉的病痛多一些,其餘部分祇有"戈汑"與"鼽衄"的不同。《經脈篇》中還有類似的句子,如"(足陽明之脈)是主血所生病者,狂瘧溫淫,汗出鼽衄,口喎唇胗,頸腫喉痹,大腹水腫,膝臏腫痛,循膺乳氣街、股、伏兔、骭外廉、足跗上皆痛,中趾不用。"與上舉第二例相比,亦可看出"鼽衄"即"戈汑"。《説文解字·鼻部》:"鼽,病寒鼻窒也。從鼻九聲。""戈"不見於字書,亦當是從"九"聲。"手"和"鼻"作爲人身體的一部分,二者在意義上也有一定的聯繫,可以説"尵"當是"衄"的俗字。又《血部》:"衄,鼻出血也。"段玉裁注:"《素問》曰:'鼻衄又脾移熱於肝則爲驚衄。'按,諸書用挫衄者,縮朒之假借也。縮朒者,退卻之義也。"段玉裁認爲"朒"與"衄"可通。"朒",段氏亦認爲"從月,肉聲","汭"字顯然也從"肉聲",應是"朒"的換旁俗字。

3. 形聲字的重造

既然一個形聲字可能改換聲符,也可能改換義符,那麼當二者同時發生改變時,就產生了一個與原形聲字在形體上不相干的新形聲字,這就是形聲字的重造。形聲字的重造是《帛書》俗字中形聲字變化的一個重要方式,這類形聲字更加反映了一般文字使用者對形聲字的認知,是漢字形聲化發展的重要表現形式。

(1) 儴

《養生方》144-145:"益力,敬除心胸中惡氣,取槐莢中實,置竈□□□□□□□□□□□□□□五實,儴甚。□之不儴,益之,令身若儴若不儴。"

"儴"字,傳世字書不見,當是"蛘"的俗字。《説文解字•虫部》:"蛘,騷蛘也。從虫羊聲。"段玉裁注:"俗多用痒、癢、養字,蓋非也。"作爲一位傳統的學者,段玉裁認爲人們使用"痒、癢"這類的俗字或用同音字"養"代替"蛘"是不的。但後世多以"癢"爲"蛘",故"癢"成爲"正字",而"蛘"幾乎被廢棄。《説文解字•疒部》:"痒,瘍也。"段玉裁注:"癢之正字,《説文解字》作蛘。"而《説文解字》未收"癢"字,説明"癢"可能是一個後起的俗字。對比"儴"字,其來源當與"癢"字相同。"癢"

從"疒",可能因爲"騒蜱"是一病,而"儀"從"亻"則是因爲"騒蜱"發生在人身上,義符的意義取向不同,其整字所表達的意思則是相同的。"癢""儀"均從"養"聲,而"蜱"從"羊"聲,語音上可通。段玉裁認爲後世"俗多用痒、癢、養",而後來"癢"基本上成爲表達這一意義的正字,被廣泛使用。"儀"作爲另一個俗體沒能流傳下來。

（2）膿

《足臂灸經》6:"（足少陽脈）其直者貫腋,出於項、耳,出膿,出目外漬（眥）。"

又7-8:"其病:病足小指次【指】廢;外兼（廉）痛,腓寒,膝外兼（廉）痛,股外兼（廉）痛……膿痛,耳前痛,目外漬（眥）痛。"

又32:"臂陽明脈:出中指間,循骨上兼（廉）,出臑□□上,奏（湊）膿,之口。"

依文義,"膿"當是指人體頭上的某一部位。《集韻·感韻》:"腩,亦作膿。"義爲"肉羮",與此處意義無涉。"膿"當是《帛書》的書寫者爲"枕"字的"枕骨"義所造的一個俗字。《説文解字·木部》:"枕,臥所薦首者。"由此引申爲"枕骨"義。《爾雅·釋魚》:"魚枕謂之丁。"郭璞注:"枕,在魚頭骨中,形似篆書丁字,可作印。"郝懿行疏:"魚頭骨爲枕。"《素問·骨空論》:"失枕,在肩上橫骨間。"又,"頭橫骨爲枕。"王冰注:"頭上橫骨爲枕骨。"考"膿"字來源當與"肬"字有關。蓋《帛書》的書寫者認爲"枕"之"枕骨"義與"枕"的"臥所薦首"義相差較遠,而"肉（月）"旁作義符則在意義上更爲顯豁。但"肬"字已有,《説文解字·肉部》:"肬,肉汁滓也",記録的是另一個詞。所以祇改變義符,就會造成兩詞的混淆,於是書者索性再改變聲符。"尤""甚"的上古音分别是"禪母侵部"和"餘母侵部"。韻相同,聲均爲舌音,故二者古音相近,作爲聲符可以互换。於是義符改爲"肉(月)"、聲符改爲"甚",便形成俗字"腅"。這樣我們也就可以理解,"腅"在《集韻》中爲什麽被看作"腩"的或體,因爲"腅"與"肬"義符同、聲符極近,在文字的演變過程中,"腅"作爲"枕骨"這一意義没能流傳下來,人們認爲"腅"是"肬"的異體,而"肬"義爲"肉汁滓",受此影響"腅"也具有了相同的意義,而被看作"腩"的或體。

（3）肔

《養生方》175-177:"烏喙五,龍慨三,石韋、方(防)鳳,伏兔(菟)各□,陰乾,□□□□□□□□去其斨□□蠱(治)五物,入酒中一日一夜,浚去其肔,以汁漬潹飯,如食【頃】,□□乾,乾有(又)復□□乾,索汁而成。"

又179-180:"複煮瓦茝長如中指,置□□□□汁,出茝,以囊盛,□□□□日棄狸(埋)□□肔。"

考之字書,"肔"字不見。《帛書》中多次出現"去其滓"的語言片段,在這些語言片段的前面都是講某種液體中有"渣滓",如《養生方》67:"即□□□去其宰(滓)。"又148:"段(煅)烏喙一升,以淳酒漬之,□去其宰(滓)。"又148-149:"烏喙十果(顆),並治,以淳酒四斗漬之,毋去其滓,以□□盡之,□□□以韋囊裹。"《五十二病方》69:"而潛去其宰(滓),即以汁□□凄夕【下】。"

此外，《居延漢簡》中也類似的語言片段。17："豬肪三斤，煎之五沸，浚去宰（滓）。"又80："泊水六升，炊令六沸，淺去宰（滓）。"

通過以上例句的比較，可以看出，"肨"字當與"宰（滓）"字有關，但二者在形體上相差甚遠，考其來源還應從"宰（滓）"字入手。《説文•水部》："滓，澱也，從水，宰聲。"上舉數例均以"宰"假借爲"滓"。而"宰"與"才"二者的上古音分別爲"從母之部""精母之部"，韻相同，聲都是齒頭音，所以它們的古音相近。在形聲字的書寫中用一個寫法較爲簡單的聲符代替一個寫法複雜的聲符是很正常的，以"才"代"宰"正符合這一事實。但如果祇替換聲符的話，應形成一個從水的字，"肨"字相對於"滓"字顯然也改換了義符。俗字中義符的改變一般有兩種情況：一是兩個義符意義相近或相通；二是兩個義符形體相近而造成訛寫或省寫。"肉（月）"與"水（氵）"相替換和這兩點都不符合，這是爲什麼呢？這還應從醫書中俗字多從"肉（月）"旁去考慮。因醫書中有許多俗字從"月（肉）"旁，書寫者受此影響，在以"才"替"宰"的同時也將義符改爲"月（肉）"，於是便産生了俗字"肨"。另外，《集韻•止韻》還有一個"胇"字，同"肺"，義爲"剩餘的食物"。通過"胇"字，可以理解由"滓"到"肨"的變化過程。

4. 形聲字聲符或義符的增減

形聲字聲符或義符的增減包括兩個方面。一是義

符或聲符在筆畫上的增減。這種改變不同於上文第1
和第2種情況，它祇是減少原有義符或聲符的筆畫以便
書寫，或者是增加一些筆畫以區別字形，或者僅僅是一
種書寫習慣。二是聲符或義符在數量上的增減。有些
形聲字的義符或聲符可能有多個構件，在書寫時這些構
件就有可能被省減掉一個或多個。有的形聲字義符或
聲符已不能較好地發揮自己的作用，表義或表音不明
顯，這時書寫者就有可能給它再加上一個義符或聲符。
當然，這種表義或表音不明顯可能僅僅是書寫者個人的
認識，這種情況也不同於義符或聲符的改換，而只是構
字的筆畫與部件在數量上的增減。

（1）雌

《天下至道談》64-65：“是以雄杜〈牡〉屬，爲陽，
陽者外也；雌牝屬，爲陰，陰者內也。”

從上文中“雄杜〈牡〉”與“雌牝”的相封爲文可
以看出，“雌”當是“雌”的俗字。《説文解字·隹部》：
“雌……從隹此聲。”而“雌”字“從隹止聲”，“止”當是
“此”的省寫。此字後世字書亦有收錄，《字彙·隹部》：
“雌，與雌同。”

（2）茵

《胎産害》4-5：“三月始脂，果隋宵效，當是之時，
未有定義（儀），見物而化，是故君公大人，毋使朱（侏）
儒，不觀木（沐）候（猴），不食茵薑，不食兔羹。”

“茵”當是“蔥”的俗字。《説文解字·艸部》：“蔥，
菜也。從艸，悤聲。”而“悤”又從“囪”聲，所以“蔥”
可以省作“茵”。《正字通·艸部》：“茵，蔥本字。”《正字

通》是明代的作品,作者看到古書中有以"茵"爲"蔥"便認爲前者當是本字,實則不然,"茵"祇是"蔥"的俗省字。當然,從"恩"與"囪"的語音關係上看,把二者看成聲符的替換也是可以的。

(3)新

《養生方》61:"【去毛】:欲去毛,新乳始沐,即先沐下,乃沐,其洫毛毛去矣。"

又 89:"【一曰】:陰乾牡鼠腎,冶,取邑鳥卵潰,並以塗新布巾。"

又 178:"【一曰】:鳥喙二,北南陳陽□骨一,蠱(冶),並以細新白布裹三。"

"新"是"新"的俗省字。《説文解字·斤部》:"新,取木也。從斤亲聲。"段玉裁注:"當作從斤、木,辛聲。非從亲聲也。""新"字祇是省略了一個義符,或是聲符的一部分,它還是一個從"斤""辛"聲的形聲字。漢《魯峻碑陰》"新"作"新",魏《皇甫驎墓誌》作"新",《奚智墓誌》也作"新",可以對照。另外,《帛書》中也有"新"字不省的例子,如《胎産書》33:"女子鮮子者產,令它人抱其□,以去□□濯其包(胞),以新布裹之,爲三約以斂之。"《十問》31:"宿氣爲老,新氣爲壽。"對比《胎産書》中"新布"與《五十二病方》中"新布巾""新白布",可以看出"新"即"新"的俗省。

(4)幣

《五十二病方》38-39:"諸傷,風入傷,傷瘤痛,治以枲絮爲獨□□□傷,漬□□□□□螽膏煎汁□□□沃,數□注。下膏勿絕,以歐(驅)寒氣,□□□□舉

□□□□□，以傳傷空(孔)，幣□休得爲。"

"幣"是"蔽"的增旁俗字。《説文解字·艸部》："蔽，小艸也。從艸，敝聲。""蔽"後來引申有"遮蔽、遮蓋"義。《楚辭·國殤》："旌蔽日兮敵若雲，矢交墜兮士爭先。"《史記·項羽本紀》："項伯亦拔劍起舞，常以身翼蔽沛公。""艸"作義符表現"遮蔽、遮蓋"義不明顯，爲了更好地表達這一意義，加一個義符是較好的辦法。《隸辨·祭韻》："幣，《魏元丕碑》'幣茀其縱'《隸釋》云：'以幣茀爲蔽茀。'按：《靈臺碑》：'永□幣兮。'蔽皆作幣。"漢《張遷碑》："幣沛棠樹，溫溫恭人。"[①]《诗经·召南·甘棠》："蔽茀甘棠，勿剪勿伐。"對比可知"幣"即"蔽"的增旁俗字。

（5）瀡

《養生方》47："(灼方)五月：取蚍蠃三斗，桃實二斗，並撓，盛以缶，沃以美瀡三斗，蓋塗貍(埋)竈中……"

又85："以三【月】茜瀡□，孰(熟)煮，令潰(沸)，而以布曼其□□□汁。"

又169："【冶】取蠃四斗，以潜酢瀡漬二日，去蠃，以其汁漬□肉動(撞)者，□犬脯□□，復漬汁，□□。"

"瀡"當是"酨"的增旁俗字。《説文解字·酉部》："酨，酢漿也。從酉，弋聲。""酢漿"是一種液體，書寫者可能詔爲"氵"旁作爲義符更能表達它的意義，便給它加上了一個義符，其實"酨"本來已經是一個形聲字。

---

① 轉引自高文《漢碑集釋》，河南大學出版社，1997年，第491頁。

《五十二病方》349、368 有"善戴","善"即"美",可以和"美瀻"相參照。

5.合兩個形聲字的聲符爲一字

這是一類比較特殊的俗字。它們不是簡單地替換聲符或義符,也不是完全重造,而是將兩個經常在一起使用或意義有關係的形聲字的聲符作爲構造新字的部件,造成一個雙聲符俗字。

（1）岺

《養生方》24-25:"（治體力虛弱方:）以五月備岺,纔黃,即□□□□□□□□□□□□□□□□□□□多爲善臧（藏）。"

"備岺"即"伏苓"①。"岺"字傳統字書不見,當是"苓"與"菟"相互影響造成的一個俗字。《神農本草經•上品》"茯苓"一名"茯菟"。《本草綱目•木部•茯苓》:"下有伏靈,上有兔絲,故又名伏兔。""苓"從"令"聲,"菟"從"兔"聲,由於"兔絲"長在上面,"伏苓"長在下面,書寫者很形象地把兩個字的聲符作上下排列,形成一個特殊的俗字,是一個對形聲字改造後形成的雙聲符字。

（2）豋

《春秋事語》84:"且宋君不恥不全宋人之腹豋,而恥不全荆陣之義。"

《説文解字•頁部》:"頭,首也。從頁,豆聲。"又,

① 參見張顯成《簡帛藥名研究》,西南大學出版社,1997 年,第 251 頁。

"頸,頭莖也。從頁,巠聲。""頭""頸"二字都從"頁"
意義與"頭"有關。上舉之例句中"娝"字在意義上也
與"頭"有關。因此在字義上講,"娝"與"頭""頸"的
關係是不言自明的。在字形上,"娝"顯然是取用了"頭、
頸"二字的聲符而合成的。

　　這一類字非常特殊,我們無法確定它的讀音,也不
好認定它是哪一個字的俗字。正確認識這類字還需要
更多的材料,以及研究的進一步深入。

(二)改通假字爲形聲字

　　與上文形聲字的變化不同,通假字有自己的特殊
性。通假的本質是借音表義,借字與被借字的聯繫主要
體現在語音上。但《帛書》中有這樣一類字,它常借爲
另外一字,且出現頻率非常高。由於受文獻內容或是上
下文的影響,書寫者索性把它改造成一個新的形聲字,
使其不但在讀音上而且在意義上都與本字有一定的聯
繫。這類新形聲字的聲符與借字有關,義符與本字有關,
而整字的意義是指本字的意義。

　　1. 𩽖

　　《陰陽灸經乙》8:"耳脈:起【於手】北(背),【出臂
外兩骨】之間,上骨下兼(廉),出肘中,人耳中。是動則
病:耳聾煇煇諄諄,嗌腫,是耳脈主治。其所産病:目外
𩽖甬(痛),頰甬(痛),耳聾,爲三病。"

　　"𩽖"字《説文解字》不見。《廣韻·麥韻》:"𩽖,魚
子脯,出《新字林》。"《集韻·麥韻》:"𩽖,魚子脯也。"
意義與此處無關。"𩽖"當是"眥"的一個俗字。《説文

解字·目部》："眥，目匡也。從目此聲。"《靈樞·經脈篇》：
"是動則病：耳聾渾渾焞焞，嗌腫，喉痹。是主氣所生病
者，汗出，目銳眥痛，頰痛……"對比異文可知"䐭"即
"眥"。考其來源應與"漬"字有關。上引文《陰陽灸經
甲》50-51 作："（耳脈）是動則病：耳聾煇煇腪腪，嗌穜
（腫），是耳脈主治。其所產病：目外漬痛，頰【痛】，耳
聾，爲三病。"假借"漬"爲"眥"。另《足臂灸經》6："其
直者貫腋，出於項、耳，出䐃（枕），出目外漬。"又 8："䐃
（枕）痛，耳前痛，目外漬痛。"可見假借"漬"爲"眥"在
《帛書》中用例較多。"漬"與"眥"的古音分別爲"從
母錫部""從母支部"，二者聲相同，韻陰入對轉，音相
近，可以通假。"漬"從"責"聲，受醫學文獻許多俗字
從"月（肉）"旁的影響，書寫者以"責"爲聲符，以"月
（肉）"爲義符重造一個形聲字用以表示"眥"。這個字
已不再是假借字，因爲它的字義就是"眥"，而與"漬"
的意義無關。當然二者在讀音上有一定的聯繫，這種聯
繫衹是因"䐭"用了"漬"的聲符造成的。

2. 矢

《五十二病方》51："嬰兒瘈者，目繲䁤然，脅痛，息
癭（嚶）癭（嚶）之然，矢不化而青。取屋榮蔡，薪燔之而
□匕焉。"

"矢"字《說文解字》不見。《說文解字·艸部》：
"菌，糞也。"段玉裁注："《左氏傳》《史記》假借矢字
爲之。……是漢人多用矢也。"《左傳·文公十八年》：
"（襄）仲以君命召惠伯……乃入，殺而埋之馬矢之中。"
《莊子·人間世》："夫愛馬者，以筐盛矢。"《史記·廉頗

藺相如列傳》:"廉將軍雖老,尚善飲,然與臣坐,頃之
三遺矢矣。"司馬貞索隱:"矢,一作屎。"《玉篇·尸部》:
"屎,糞也,與矢同,俗又作屎。"實際上"屎"字產生較
早,甲骨文中就已出現,如:"庚辰貞:翌癸未屎西單田,
受有年?"(《甲骨文合集》9572)甲骨文字形象人身
下有穢物。《玉篇》以"屎"爲"屎"的俗字,並不太准
確。"矢"有"糞"義是假借的原因。在假借字上加注
義符從而明確其假借義,形成的字一般是形聲字,這也
是形聲字產成的一個重要途徑。"屎"字的產生可能就
是"矢"受"屎""尿"等字的影響,加了一個義符"尸"
造成的。《五十二病方》中也有"矢"表"糞"義的例子,
61:"取丘(蚯)引(蚓)矢二升。"112:"先倚白鷄、犬矢、
發,即以刀剡(劙)其頭,從顛到項,即以犬矢【濕】之,
而中剡(劙)鷄□,冒其所以犬矢濕者,三日而已。"後世
的字書也以"屎"爲俗字。《龍龕手鏡·尸部》:"屎,俗;
屎,今。"

(三)改象形字爲形聲字

象形字是"畫成其物,隨體詰詘"。有時爲了明確
造字時的本義而在原字上加注意符,構成形聲字,這也
是形聲字產生的一個重要方式。《帛書》中改象形字爲
形聲字的俗字一般是以原字爲聲符,再加上一個義符構
成的。

1.吹

《陰陽灸經甲》44:"(陽明脈)是動則病:灑灑病寒,
喜龍,婁(數)吹,顏【黑,病種(腫),病至則惡與人火,

聞】木音則惕然驚,心腸〈惕〉,欲獨閉戶而處。"

《陰陽灸經乙》5:"喜信(伸),數吹。"

《陰陽灸經甲》56:"(太陰脈)其所産病:□□,心煩,死;心痛與復(腹)張(脹),死;不能食,不能臥,强吹,三者同則死。"

《陰陽灸經乙》11 亦作"强吹"。"吹"當是"欠"的一個俗字。《靈樞·經脈篇》:"(足陽明之脈)是動則病:灑灑振寒,善呻,數欠,顔黑,病至則惡人與火,聞木聲則惕然而驚,心欲動,獨閉戶塞牖而處。"與上引《陰陽灸經甲》中文字基本相同,通過比較異文可以看出,《帛書》之"數吹"即"數欠"。根據病症也可以看出,"數吹"就是"多次打哈欠"而不可能是"多次吹氣"。《説文解字·欠部》:"吹,出氣也。從欠,從口。"可見"吹"是一個會意字,並不從"欠"聲,並且"吹"與"欠"的古音分别爲"昌母哥部""溪母談部",相差較遠,不應是通假關係。《説文解字·欠部》:"欠,張口氣悟也。象氣從儿上出之形。"可見"欠"是一個象形字。但"欠"從口出,爲了更形象地表達"從口出"的意義,同時受漢字形聲化的影響,以"欠"爲聲符再給它加一個義符"口",便形成一個新形聲字"吹",與"吹(chuī)"字同形,衹是一種巧合。

2. 腨

《陰陽灸經乙》10:"【巨陰】脈:是腨脈也。被胃,出魚股下廉,腨上廉,出内果(踝)之上廉。"

《陰陽灸經甲》54 有基本相同的文字:"大(太)陰脈:是胃脈也。彼(被)胃,出魚股下廉,腨上廉,出【内】

踝之上廉。""巨陰脈"就是"太陰脈",兩處的文字幾乎只有"腢"和"胃"的不同。"腢"字《説文解字》不見,當是"胃"的增旁俗字。此字亦見於後世文獻,《集韻·未韻》:"腢《説文解字》:'穀府也'。亦作胃、腢。"慧琳《一切經音義》卷68《阿由比達磨大毗婆沙論》40卷音義:"'論'作腢,俗字也。"

(四)改會意字爲形聲字

會意字祇表示字的意義,不標示字的讀音。表意字加注義符構造形聲字也是形聲字産生的一種重要方式,同象形字一樣,有些會意字也加注義符,以原字爲聲符構成形聲字。

秀

《五十二病方》165-167:"毒堇□□□堇葉異小,赤莖,葉從(縱)縷者,□葉,實味苦,前【日】至可六七日秀,□□□□澤旁。"

"秀"即秀的俗字。《説文解字·禾部》:"秀,上諱。"段玉裁注:"不榮而實曰秀。從禾、人。"是一個會意字。《爾雅·釋草》亦説:"不榮而實謂之秀。"意思是"植物抽穗開花(花不鮮艶)。"這一個藥方是介紹一味叫"毒堇"的中藥。"前日至可六七日秀"是指"到第六七天就可以抽穗開花。"《字彙·禾部》:"秀,分別也,各異也。見《釋藏》。"意義與此處無涉。《帛書》中"秀"應是"秀"字又增加了一個義符形成的。"不榮而秀"一般都是指莊稼,加注"禾"旁能更明確地表達"秀"與莊稼有關。

(五)省寫時體現出的漢字形聲化趨勢

《帛書》中經常以聲符字代替本字[1]，說明當時同音假借的現象比較常見。但有些省形字看似聲符字而實際上不是，這類字的出現往往是書寫者誤認爲某字是形聲字，而省去他認知的所謂"義符"，或者把形聲字義符與聲符的分解搞錯了。這一類俗字的出現説明《帛書》的書寫者儘管沒多少文字學的知識，但漢字形聲化的觀念已深入他們心中，是漢字形聲化發展規律的體現。

募

《十問》74-75："威王問道焉，曰：'募人聞子大夫之博於道也，募人已宗廟之祠，不叚（暇）其聽，欲聞道之要者，二三言而止。'"

從文義看"募"應是"寡"的俗字。"寡人"是古代帝王的自稱。《説文解字·宀部》："寡，少也。從宀，從頒。"是一個會意字。俗省作"募"可能書寫者認爲"寡"是一個"從宀，頒聲"的形聲字，省去"宀"而爲一個聲符字。並且"寡"與"頒"的古音分別爲"見母魚部""幫母文部"，相差甚遠，殊不可通，不是假借關係。

三、漢字形聲化原因淺析

根據劉又辛先生的"漢字發展三階段"説，漢字經歷了圖畫文字、假借文字、形聲文字三個階段。《帛書》

---

[1] 參見徐莉莉《〈馬王堆漢墓帛書〉（肆）的聲符替代現象及其與"古今字"的關係》，《華東師範大學學報》（哲學社會科學），1997年第4期。

是西漢中期以前的文獻,其中有許多假借字。作爲漢字發展的一個階段,漢字應當有一個通過假借字走向表音文字的契機,但其中的許多新造字特別是俗字卻表現出了漢字形聲化的強勢。説明當時漢字的純表音化趨勢的衰減,而形聲化卻大大發展。這是什麽原因造成的呢?

首先,這主要是漢字發展的自身特點決定的。假借字太多,容易造成用字的混亂,如果 A 用作 B,又用作 C,C 又用作 D,這會給漢字的識讀造成很大的麻煩。假借字的這一致命缺陷使它的發展受到了很大的限制。形聲字"半主形、半主義"的特點,使它具有較強的能産性。從理論上講,任何一個聲符和任何一個義符都可以組合成一個形聲字。同時,形聲字的這一特點使之在音義上具有明顯的區別性,有效地克服了假借字過多造成的用字混亂。任何文字都有表音記音的功能,祇是強弱的程度不同。形聲字的聲符適應了這一功能,在形式上它用於專職表音,符合了漢字表音化發展的趨勢,保留了漢字在假借階段固有的表音作用,使漢字結構進入一個新的發展階段。同時,漢字又有表意化的趨勢,主要表現爲假借字增加義符:爲了避免因假借而産生太多的"同字異詞"現象,在"本字"上加"義符"産生新的形聲字。所以我們説,漢字形聲化發展適應了漢字"表音化"與"表意化"的矛盾運動,是漢字發展到一定階段的必然産物。

《帛書》以醫學文獻爲主,屬於應用性文獻範疇。這些文獻的書寫者一般不可能具有深厚的文字學知識,從其中大量的俗字、訛誤字就可以看出。但俗字表現出的漢字形聲化特徵，又説明形聲化現象已深入人心。即便是那些文字學修養不高的人也開始把許多字分解爲"聲符和義符"進行重構，甚至於把本不是形聲字的字，重造爲形聲字。這從一個側面反映了形聲化的發展符合漢字發展的一般規律，代表了漢字發展的方向。

其次，形聲字的發展與漢語的特點相適應。古代漢語中單音詞占優勢，音節的數量有限並不斷簡化，而社合的不斷發展、新事物的不斷出現，不可避免地催生了很多新詞。從理論上講，新詞的產生可以是無窮的。如果不停地給這些新詞造字，將會產生大量的新字，勢必給人們對漢字的認讀造成巨大的困難。形聲字的出現，使這一問題得到了解決。造形聲字時一般是以已有的漢字或構字的部件作音符和義符，表現出文字的繼承性，新字不會是完全陌生的面孔，這樣人們在識讀時就變得相對容易些，心理上也容易接受。音節數量少，造成同音詞多是漢語的另一特點，這爲同音假借提供了方便，但如假借字過多，反而會造成不必要的麻煩。漢語詞義不斷引申，產生新義。當這些新義使用頻率達到一定的程度時，就可能分化出來，獨立成爲另一個詞，同時在書寫形式上產生記錄新詞的新字，以減輕原字的負擔。否則一個字將會記錄太多的詞，表示太多的意義從而讓人們在使用時產生誤解。解決這一問題的辦法便是爲新詞造新字。詞義引申、詞的裂變是漢語詞同源分化的重要原因。新義源於原義，如採用象形、會意、指事等表意造字法來造新字，這些詞之間的聯繫與細微的差異就不容易表現出來。形聲造字法成功地克服了這一困難，"半主聲、半主義"的特點，既可表達與原字的聯繫，又可以體現其中的不同之處。

　　一種文字向什麼方向發展不是主觀隨意決定的，也不是由社會環境來任意左右的，人爲因素、社會環境祇是文字發展的外因。文字發展的内因，也就是根本原因還得由這種文字所承載的語言來決定。漢語單音詞占優勢、同音詞多、内部屈折少的特點使漢字走上了形聲化的道路。

　　再次，中華傳統文化的影響。社會文化不是文字發展的根本動力，但一定社會的文化在形成發展過程中不可避免地影響到人們的心理，文化心理通過文字使用者再反映到文字上，這時的文字就要受到文化的影響。文化包括知識、信仰、藝術、道德、習俗等很多方面，民族性、區域性是文化的主要特徵。中華民族創造了偉大的中華文化。中華傳統文化所蘊含的代代相傳的思維方式、價值觀念、行爲規範，影響到了中華民族社會生活的方方面面；中華傳統文化中的各組成部分也相互影響，相互滲透，成爲一個渾然的整體。漢字是中華傳統文化的主要載體之一，同時也是中華傳統文化的一個組成部分，它的產生與發展同樣要受到其他文化現象的影響。同其他語言文字一樣，漢字也是一種概念係統，是使用它的人進行思維活動的重要工具。漢字與漢語構成了漢語言文字的概念系統。中華民族傳統思維的主要特徵是直觀性和整體性。人們在認識事物時，一般是借助直觀的概念，進行整體的把握。形聲字形符表義（實際上是表義類）、聲符表音，讓使用它的人在視覺上發生的第一時間內就對一個字的意義與讀音有一定的了解。比如從"火"旁的形聲字"燃""燒""煙"等，初識的人雖然可能不知道它爲何字，但看到"火"旁，就知道它的意義與"火"有關，在此基礎上就容易掌握這個字。至於讀音，民間一直就有對不認識的字"讀半邊"的説法，很形象地説出了形聲字聲符的作用。這些都是人們從直觀上獲得的感性認識，它契合了中華民族的思維特徵。漢字是漢語語詞的載體，也就是一定音、義結合單位的書面表現形式。形聲字"半主音、半主義"的組合方式更體現了漢字的這一特點。"形、音、義"是一個整體，形聲字把這一整體納入一個整字之中，符合了中華民族思維的整體性特徵。形聲字的這種構造方式使它具有很強的記憶與聯想功能。現代科學實驗表明，人類在進行記憶與聯想時，往往用事物的最突出特徵作爲媒介，形聲字的形符一般是整字所表示意義的突出特徵，有利於人們記憶，同時人們可以在這一特徵的基礎上進行更爲豐富的聯想。因此，我們説漢字形聲化的發展符合了中華民族的思維習慣，是中華民族思維方式的一種體現。

任何一種成熟的文化都有自己的哲學基礎。中國傳統哲學是"人"的哲學，是對群體價值認同的哲學。"天人合一""陰陽調合"是其核心，在認識論上是一種直覺體悟的方法。因此，德里達在《論文字學》一書中説："中國文字也許更有哲學意味，它們似乎是建立在更爲成熟的，諸如數、秩序、關係等等的思考方面。因此

除了幾點例外,它的結構很象一種人體。"可謂一語中
的。漢字特別是形聲字更有哲學意味,因爲漢字的産生
與發展不可能離開中華傳統文化,而哲學是一定文化的
指導思想。形聲字的發展在這一點上表現得最爲明顯,
可以説漢字"形聲化"的發展,與中國古代哲學息息
相關。

最後,漢字的超方言性質。我國地域遼闊,人口眾
多,方言分歧大。漢字的方塊性質使之具有超方言的作
用。作爲輔助的交際工具,漢字的這一性質具有重要
意義。形聲字既可以表現漢字的這種作用,又可以反
映漢字與漢語詞在音、義上的聯繫。這適應了漢字發展
的需要,又符合了人們使用文字的需要,因此能夠不斷
發展。

此外,官方行爲的作用。秦朝在以小篆統一文字時,
其中就有一點"假借字多加形符成爲形聲字"[1]。官方
强制推行小篆,而小篆大部分爲形聲字,這也在一定程
度上影響到了漢字的發展。

綜上所述,漢語與漢字本身的特點是決定漢字發
展的内因,也就是根本原因。文化的、社會的以及政府
的影響,衹是漢字發展的外因,不能決定漢字發展的最
終方向。

---

[1]　參見劉又辛、方有國《漢字發展史綱要》,中國大百科全書出
版社,2000年,第218頁。

第四章 《帛書》俗字與漢字的簡化

　　簡化與繁化是漢字發展過程中矛盾運動的兩個方面，傳統觀點認爲簡化是矛盾的主要方面。這一矛盾運動是語言文字發展中"簡易律"與"區別律"相互作用的結果。一般來説，俗字的産生是爲了方便辨識、書寫，簡化是其主要特徵；但相對正字而言，俗字中的繁化現象也不容忽視，它也是漢字發展的重要組成部分。

一、簡化的方式

　　漢字的簡化主要包括兩個方面：筆畫（構成文字的線條）的簡化及結構（構成文字的部件）的簡化。漢字從甲骨文發展到現在，筆畫的簡化甚爲明顯，甲骨文中那些曲折的線條逐漸爲平直的線條所替代。漢字不同的書體（如甲骨文、金文、小篆、隸書、楷書等）的發展史就是漢字筆畫的簡化史。《帛書》的字體處於篆隸之間，在筆畫上正擺脱小篆的圓轉筆畫爲"波折之勢"，在字形上變小篆的長圓字形爲方扁。在一定意義上講，整個《帛書》中的字都可看作小篆的俗字，從兩者的對比中可以很明顯地發現二者在筆畫上的不同。但如果這樣，就在無形中擴大了研究的範圍，因此我們祇在"結構"方面談漢字的簡化。所謂結構的簡化就是變複雜的結構爲簡單的結構。漢字大多數是合體字，合體字都由不同的部件構成,漢字的簡化也就是構字部件的簡化。漢字在結構上的簡化主要有以下方式。

(一)省略構字部件,包括省略重復的部件與其他部件兩個方面

古代漢字中有許多字,構字部件重復,一個字有兩個或兩個以上相同的部件,把這些重復的部件省掉是漢字在結構上常見的簡化方式,也是最典型的方式。

1. 虫

《五十二病方》21:"久傷者,薺(齏)杏核中人(仁),以職(脂)膏弁,封痏,虫即出。

《胎產書》21:"(產男方)一曰,取爵甕中虫青北(背)者三,產呻(吞)之,必產男,萬全。"

"虫"即"蟲"的省俗字。《說文解字·蟲部》"虫",段玉裁注:"按:'此足以明此自一種蛇。'……古虫、蟲不分。故以蟲諧聲之字多省作虫。"又:"有足謂之蟲,無足之豸。從三虫。"可見"虫""蟲"本是兩個字。而上舉文例中"虫"應是"蟲"的俗省,因爲人的傷口中不可能"有蛇出來",第二例中"產吞"即"生吞","生吞"一條蛇對一位女子來說是不可思議的。所以這兩個"虫"都應是"蟲"的俗省。後世字書以"虫"爲"蟲"的俗字,《干禄字書》:"虫、蟲:上俗下正。"慧琳《一切經音義》:蟲,"《說文》從三虫,俗作虫。"可以看出"虫"是"蟲"的俗省字。

2. 娚

《天下至道談》66:"娚樂之要,務在遲久。"

"娚"當是"嬲"的俗字。《説文解字·女部》:"嬈,苛也。一日撓也,戲弄也。"段玉裁注:"玄應引《三倉》:'嬲,乃了切。惱也。'按:嬲乃嬈之俗字,故許書不録。嵇康《與山巨源絶交書》:'足下若嬲之不置。'李善云:'嬲,擿嬈也。音義與嬈同,奴了切。'近人孫氏星衍云:'嬲即嫋字草者之譌。'然嵇康草蹟作娚,玄應引《三倉》故有嬲字,則未可輕議。"《天下至道談》是講的男女交歡,"娚"義與"嬈"相同。《玉篇·男部》:"嬲,戲相撓也。"並且在形體上"娚"明顯是"嬲"之省略。玄應認爲《三倉》故有"嬲"字當有所依據。

3. 蜜、蜂

《養生方》78:"⊠巾:取鷄纔能卷者,産搣,盡去毛,遺兩翼之末,而係縣(懸)竿□□□□鷄靡(摩)逢(蠭)房一大者,令蜜蓋之;厭,有(又)從之,令以蓋死。"

又118:"【一曰】:以豬膏大如手,令蜜□□□□□□□□□□□□□浮(醇)曹(槽)四斗,善冶□。"

又32:"【一】曰:取黃蜂駘廿,置一栖(杯)醴中,□□日中飲之,一十。"

又33:"【一】曰:取黃蜂百,以美醬一栖(杯)漬,一日一夜而出,以汁漬疽糧九分升二。"

"蜜"與"蜂"均是"蠭"的俗省字。《説文解字·蚰部》:"蠭,飛蟲螫人者。從蚰,逢聲。"《集韻·鐘韻》:"蠭,《説文解字》:'飛蟲螫人者。'或作蜜,通作蜂。""蜜"當是"蠭"省去義符的一部分,而"蜂"則是進一步的省略。《帛書》中亦有不省的例子。《雜療方》68:"棲木爲蠭。"《漢書·藝文志》:"是以九家之説蠭出並作。"以上字形反映出"蠭"的不斷省略的過程,"蜂"字是最終省略的結果,並成爲後世的正字。

4. 劵

《天下至道談》44:"一曰致氣,二曰定味,三曰治節,四曰劵實,五曰必時,六曰通才,七曰微動,八曰侍盈,九曰齊生,十曰息形,此謂十脩。"

"劵"是"勞"的俗省。《説文解字·力部》:"勞……從力,熒省。""劵"則是進一步省寫。

除省略重復的部件外,還有省略其他構字部件的情況。

5. 浆、浆、㭊

《五十二病方》54-55:"更取水,復唾匕㭊以揗,如前。"

又 57:"(狂犬)齧人者,孰澡(操)湮汲,注音(杯)中,小(少)多如再食浆,取竈灰三指最(撮)□□水中,以飲病者。"

殘片(3):"煮熱再浆飲。"

又 193:"孰析,沃以水,水清,止;浚去汁,消以酸浆□斗,取芥夷荚。"

又 250-251:"因(咽)敝,飲藥將(漿),毋飲它。爲藥浆方:取葍莖乾冶二升,取署芘(蕷)汁二斗以漬之,以爲浆,飲之,病已而已。"

《説文解字·水部》:"浆,酢浆也。從水,將省聲。㭊,古文浆。"上舉 193、250-251 兩例均同《説文解字》,祇是"爿"部省作"丬",基本上同現代漢字"浆"。先秦傳世典籍"漿"一般從"將",聲不省。《詩經·小雅·大東》:"或以其酒,不以其漿。""漿"既然是"將"省聲,那麼俗書便可省略"將"的其他部分,"浄"字就是省掉了"爿",同時變換了一下構字部件的位置。古文"梁"則從"爿"聲,在形式上也可看作"將"省聲。《改併五音類聚四聲篇海》卷十二水部引《搜真玉鏡》:"瀦,音將。"此字疑是"漿"的偏旁移位字[①],可與"浄"比勘。而"粂"字則是進一步的省略。"漿"字的不同簡化形體表明,漢字的簡化不是無章可循的,一般都能找到它們演變的線索,這是研究漢字形體演化的重點之一。

(二)更換爲較簡單的部件

更換爲較簡單的部件是漢字簡化的一重要方式,在前文第三章中已涉及了這一個問題,此處再舉幾例。

1. 扫

《合陰陽》102:"握手,土(度)掐(腕),循扫房,抵夜(腋)旁。"

又 120:"八動:一曰接手,二曰信(伸)扫,三曰直踵……"

又 122:"信(伸)扫者,欲上之攃(摩)也且距。"

"扫"當是"肘"的俗字。"扫",《説文解字》不見。《廣韻·混韻》:"扫,截也。"《集韻·混韻》:"刌,《博雅》:'斷也。'或作扫。"而《合陰陽》中的"扫"與"截、斷"義無涉。《説文解字·肉部》:"肘,臂節也。從肉徒寸。寸,手寸口也。""肘"與手有關,"月(肉)""才(手)"在意

_____

① 參見張湧泉《漢語俗字叢考》,中華書局,2000 年。

義上有聯繫，並且後者書寫起來比前者要方便一些，俗書便改"月"爲"扌"。《釋名‧釋形體》："腕，宛也。言可宛屈也。"又作"捥""掔"。《集韻》："掔，《說文解字》'手掔也。'揚雄曰：掔，握也。'或作腕、捥。"可見漢字從"手"與從"肉"相通是常見的現象。

2. 盜

《五十二病方》316："浴湯熱者熬彘矢，漬以盜，封之。"

"盜"當是"醯"的俗字。《說文解字‧皿部》："醯，酸也。作醯以鬻以酒，從鬻、酒並省，從皿。皿，器也。"既然"醯"字從"酒"省，那麼就有兩種可能，或省去"酉"或省去"氵"，"醯"顯然是省去了"氵"，對比"盜"則是省去了"酉"，祇是"氵"書寫較"酉"簡單，所以二者當是一字。這表明，在漢字書寫中，往往在不破壞字的結構、保留構字理據的前提下，採用較爲簡單的部件造成俗字，有時這些省寫是隨意的，有時則是有根據的。《武威醫簡》還有"醯""溢"兩字，70-71："即鼻不利，藥用利(藜)廬(蘆)一本，亭磨(歷)二分，付(附)子一分，早(皂)夾一分，皆㕮且(咀)；合和，以醇醯漬，卒(晬)時，去宰(滓)，以汁灌其鼻中。"又57-58："(四種藥物)皆冶，父(㕮)且(咀)置銅器中，用淳溢三升漬之。""醯""溢"當爲一字，同是"醯"的俗字①，前者是"醯"的俗省，後者是"盜"的俗省。

---

① 參見張顯成《簡帛藥名研究》，西南師範大學出版社，1997年，第202-204頁。

3. 扝

《五十二病方》182:"取蠃牛二七,薤一扝,並以酒煮而飲之。"

又 301:"⊠三扝,細切,淳酒一斗⊠。"

《養生方》86:"□□蛇床泰半參、臨本二斗半、潘石三指最(撮)一、桂尺者五廷(梃)□□□□□之菩半□□者一扝。"

又 149:"輿、釁冬各□□,草槲、牛膝各五扝,□茭、桔梗、厚□二尺。"

又 180:"節(即)行,漬,扝東行水一栝(杯)。"

"扝"應是"柬"的俗字。《説文解字·束部》:"柬,小束也。從束,开聲。""束"在先秦文獻中常用作量詞,《睡虎地秦墓竹簡·秦律十八》8:"芻自黄蘇及麤束以上皆受之。"《詩·小雅·白駒》:"皎皎白駒,在彼空谷。生芻一束,其人如玉。""柬"《説文解字》釋爲"小束",當然也可以作量詞,祇是單位比束要小。從上文"一扝""三扝"來看,"扝"也應當是量詞無疑。"束"作量詞是"把"的意思,由"捆綁"義引申而來,與"手"有關。因此,"手"作義符也可表達"束"的意義,且"扌"書寫起來比"束"簡單,故俗書便以"扝"爲"柬"。

4. 桓、薑

《養生方》51:"取牛腮燔冶之,□乾桓、菌桂皆並□,□□囊盛之,以醯漬之,入中。"

又 124-126:"取細辛、乾桓、菌桂、烏喙,凡四物,各冶之。細辛四、乾桓、菌、烏喙各二,並之,三指最(撮)以爲後飯,益氣,有(又)令人免(面)澤。【一】曰:取白符、紅符、伏霝各二兩,桓十果(顆),桂三尺,皆各冶之,以美醯二斗和之。”

《五十二病方》1-2:“【諸傷】:□□膏、甘草各二,桂、畺、椒□□□□□。”

又271:“䧑(疽)病:冶白薟(蘞)、黃耆、芍樂(藥)、桂、畺、椒、朱(茱)臾(萸),凡七物。”

又275:“䧑疽,以白薟、黃耆、芍藥、甘草四物者(煮),□、畺、蜀焦(椒)、樹臾四物當一物。”

又299-300:“䧑(疽),橿、桂、椒□居四区淳酒半斗,煮,令成三升区。”

《雜療方》22:“取犬骨燔,與蕃(礬)石各二,桂、彊、各一,蕉(皂)莢三,皆冶,併合。”

《武威醫簡》3-5:“治久咳上氣喉中如百蟲鳴狀卅歲以上方:茈胡、桔梗、蜀椒,各二分,桂、烏喙、畺各一分,凡六物,冶,合和,丸以白密(蜜),大如嬰(櫻)桃,晝夜含三丸,消咽其汁,甚良。”

又8:“术、方(防)風、細辛、薑、桂、付(附)子、蜀椒、桔梗,凡八物,各二兩,並冶。合和。”

又9-10:“(治諸癃)茱、薑、瞿麥各六分,兔(菟)係(絲)實、滑石各七分,桂半分,凡六物皆冶,合,以方寸匕酒飲。”

又31:“大黃、勻(芍)樂(藥)、薑、桂、桔梗、蜀。”

又52:“治金創止㾓(痛)方:石膏一分,薑二分,甘草一分,桂一分,凡四物,皆冶,合和。”

上引“桓”“畺”“彊”“薑”均代表“薑”的意義。《說文解字·艸部》:“薑,御濕之菜也。從艸,彊聲。”“彊”

從"畺"聲,所以"薑"可省作"蘁"。《集韻‧陽韻》:"蘁,
《説文解字》'御濕之菜。或省。"《廣韻‧陽韻》:"蘁,同
薑。"《説文通訓定聲‧壯部‧薑》:"字亦作'蘁'。""蘁"
字還有進一步省略掉"艹"下的一橫或兩橫的字形。《證
類本草‧草部》(卷八)晦明軒本的"乾薑""生薑"條,
"薑"均作"蘁"。《居延漢簡》505‧16:"蘁二升。""蘁"
亦省略一橫。"橿"字從"畺"聲,在讀音上可與"薑"
通,所以可假借爲"薑"。"桓"字則顯然是"橿"的俗
省。"薑""蘁"分別從"彊""畺"聲,所以"彊"與"畺"
是聲符假借字。從字形上看,聲符字是整字省略了意符
而形成的,也可以認爲是一簡化。

從以上分析,我們可以爲"薑"的變化理清一條綫
索:"薑"俗省爲"蘁",又進一步省略下面的一橫或兩
橫,作"蘁"或"蘁"。"橿"假借爲"薑",而"橿"又俗
省爲"桓"。

(三)省略部件中的一部分

有許多漢字由於筆畫較多,書寫繁複,省略某一部
件的某些筆畫是俗字常見的簡化形式。

著

《五十二病方》250-251:"爲藥漿方:取菌莖乾冶二
升,取著蓏汁二斗以漬之,以爲漿。飲之,病已而已。"

"著"當是"署"的俗字。"著蓏"即"署蓏",也就
是"署預"[1],是一味中藥。"著"顯然是"署"的省筆。

---

① 參見張顯成《簡帛藥名研究》,西南師範大學出版社,2000
年,第163-165頁。

"芯"也願是"蔬"的俗省。

當然,這些俗字相對正字的簡化方式並不一定是單一的,多數時候是多種簡化方式交織在一起,如"薑"與"漿"字的簡化。我們把簡化方式分爲幾類,並不是把每一個字的簡化都分得很清楚,這種分類祇是爲了説明漢字簡化的一般途徑。實際上當時的人們可能僅僅是爲了書寫的方便,而沒有意識到他們的寫法是這樣或那樣的簡化,我們今天對這些俗字進行研究,也就不可能把這些字的簡化的形式截然分開。

二、俗字相對於正字簡化的特點

俗字在結構上的簡化符合漢字簡化的趨勢,有些字在後世成爲正字,如"蜂"和"薑"(現代漢字又簡化爲同音字"姜")。説明這些字的簡化不是隨意的,它們符合漢字發展的一般規律,又有自己的特點,主要表現在以下幾個方面。

(一)與事物發展規律的適應性

一種現象的産生與發展必然符合事物發展的一般規律。文字具有社會性,是一種社會現象,是人們賴以使用的輔助交際工具。文字發展變化中産生的一切現象亦應當與社合的發展相聯繫,祇有適應社會的發展規律,這些現象才能不斷地向前發展。文字使用中,人類的主觀意識發揮了重要作用,所以文字發展中的許多現象都與人類的主觀意識有關,同時社會的政治、經濟、文化等各方面的因素也會影響文字的發展。

一般來説,文字祇有便於書寫,才能更好地適應社會發展的需要。對於文字改革的迫切願望主要來自中下層文字使用者,他們同時也是文字改革最早最直接的實踐者。這部分人文化水準相對較低,對於文字沒有傳統的成見,在對漢字進行改革(或改造)時一般衹是個人的主觀行爲,他們的目的大多是功利性的。這一點雖然有時可能給文字帶來一定的破壞,但這是文字簡化的強大動力,是歷史上漢字進化的主要推動力量之一。漢代社會的政治、經濟、文化生活日益豐富,國家統一,國力强盛,對文字、文書、文獻的使用更爲頻繁,這一切都要求改革漢字以適應社會不斷發展的需要。秦漢之際,社會動蕩,統治者無力也無暇顧及文字的統一與規範,在民間正在孕育的漢字改革得以全面發展,人們可以按自己的願望去改革文字,簡化使用。當然我們説中下層的文字改革者對文字的傳統沒有成見,也並不一定意味著他們的改革是任意的或者是胡亂進行的。正如前文所言,漢字形聲化的發展在這時已深入人心,他們的漢字改革亦應受到影響。民間的文字改革到了一定時期就需要規範,否則會造成文字使用的極大混亂,漢朝統一中國後,統治者爲了自身統治的需要,勢必對文字進行規範,這就鞏固了文字改革的成果,對文字改革的主觀性造成的缺陷進行彌補,加速了隸書的形成。

(二)與"六書"規律的相適應性

所謂與"六書"規律的相適應性是指漢字結構上的簡化與"六書"的原則相適應,並不因字形的簡化而違反"六書"的原則。前文我們説結構的簡化主要是就合體字而言的,所以與"六書"的適應性主要是指與

"會意""形聲"二者的適應。有了這種適應性才使俗字的產生與發展有了理據，而不是某個人隨便造一個不相關的字。這一點對俗字研究有重要意義。漢字的"六書"是後世的學者對祖先造字方式的總結，它符合漢字造字的一般情況，是後代造字的"模範"。一個新字的產生與"六書"的方式相適應才能更有生命力，否則會很容易地被淘汰。

　　關於形聲字的簡化與"形聲"造字法的適應，上一章已有所涉及，這裏仍以"蠶""薑"爲例，作一下簡單説明。"蠶"簡化爲"蚕"，是由"從虵，朁聲"簡化爲"從虫，朁聲"；又簡化爲"蜂"，是由"從虫，朁聲"簡化"從虫，夆聲"。這一簡化的過程一直與"形聲"造字法相適應。"薑"簡化爲"姜"，是由"從艸，彊聲"簡化爲"從艸，畺聲"，同樣與"形聲"造字法相適應。

　　"嬲"，從"二男一女"會"戲相擾"之意，省去一個"男"旁，從"一男一女"作"嬈"也可以會"戲相擾"意。"肘"，"從肉從寸"會"臂節"意，簡化爲"扸"，"從手從寸"同樣可以會"臂節"意。"醯"，"從鬵、酒並省"，把"酉"省換作"氵"仍然是"從鬵、酒並省"。這是漢字簡化與"會意"造字法的相適應。

　　簡化漢字與"六書"的相適應性，隨著漢字"形聲化"的發展日益明顯。不過同其他任何事物的發展一樣，它也有不適應的情況存在。"薑"字簡化省略掉下面的"橫"，如果可以勉强説是從"畺"省聲的話，"署"字簡化爲"著"，就很難再説它與哪一"書"相適應了。由此我們聯繫後世的草書楷化及現代漢字改革問題：草書楷化形成的一些簡化字,如"书""专""车"等,確實看不出它們還與"六書"有什麼關係,但這類字畢竟很少。漢字是"形碼字",古漢語一詞一字相對應,在理論上講詞是不斷增加的,那麼字也會隨之增加。這些字如果沒有一定的理據,就會在使用文字時產生困難,反而達不到簡化的目的。因此,現代漢字的改革也不能是任意的,而要遵循漢字發展的規律,同時尊重中國傳統文化,繼承其優秀成分。僅憑個人或幾位專家的意見去簡化漢字恐怕行不通,"二簡字"的失敗就是一個很好的例子。

(三) 簡化的可區別性

所謂區別性是指字與詞有較嚴格的、既成的對應係統,不會產生混淆。如果一個詞用多個字表示或一個字形代表多個詞,便有違於文字的區別性原則,容易產生用字的混亂(當然絕對的一字一詞在任何語言中都是不存在的)。俗字的出現是爲一個已經有字的詞重新造一個新字,這就產生了"一詞多字"的現象,從而違背了文字的區別性原則,也是俗字在文字史上不斷受到攻訐的原因之一。我們說,雖然俗字的產生在一定程度上違背了文字的區別性原則,但它在根本上並不與這一原則相矛盾。前文把漢字結構上的簡化分爲三種類型,下面逐一進行分析。

"蠭"簡化爲"蜂",用字的人並不會把"蜂"常作其他的字,而很容易地會認爲是"蠭"字的演變,因爲"從虫"與"從蚰"無論是在意義上還是在形體上都是可通的,而"逢"聲與"夆"聲亦可通。這種有章可循

的簡化往往可以得到社會承認,而成爲正字。主要就在
於它既是對原字的簡化,又未違背文字的區別性原則。
"漿"字的簡化與之有相似之處。

相對而言,第二類俗字往往容易引起人們使用漢
字的困惑。在部件的替換方面有時書寫者個人的主觀
性很強,用哪一個部件去替換是不固定的,但這並不是
説這一類字就完全違反文字的區別性原則。在對俗字
的考察中,我們發現很少有俗字在字形上與同時代的其
他字完全相同。這就是説對於一個俗字雖然有時我們
不能斷定它是哪一個字,但也不會看到後就把它當作另
外一個字。例如,"扚"字在《帛書》中我們一般可以很
容易地判斷出它是"肘"字("扚"用爲動詞,是後代造
字與《帛書》中字形的偶合)。當然並不是所有的這類
字都像"扚"字這樣容易判斷。構字部件筆畫減少造成
的俗字具有較高的區別性,一個筆畫繁多的字逐漸減少
筆畫,往往更加易寫易認。

談到俗字的區別性,有一個字更能説明問題。

《雜療方》67-69:"即不幸爲蛓蟲蛇蠭(蜂)射者,
祝,唾之三,以其射者名名之,曰:'某,女(汝)弟兄五
人,某索智(知)其名,而處水者爲鮫,而處土者爲蚑,棲
木者爲蠭,蜚(飛)而之荆南者爲蛓,而晉□未□,爾教
爲宗孫。"

"鮫",字書不見,當是"蛭"的俗字。《類篇·虫部》:
"蚑,水蛭也。"《本草綱目·虫部·水蛭》也認爲"蚑"是
"水蛭"。《説文解字·虫部》:"蚑,行也。"義與"水蛭"
無涉。又:"蛭,蟣也。"《爾雅·釋魚》:"蛭,蟣。"郭璞注:

"今江東呼水中蛭入肉者爲蟣。"《説文解字》中"蛭""蚑"在意義上有嚴格的區分,而《帛書》中"蚑"顯然是"蛭",以"蚑"爲"蛭"在讀音上可通。"蛭"一般生活於淡水或濕潤處,大多營寄生生活,有水蛭、魚蛭、山蛭等。上舉文例中亦有"處水者"與"處土者",爲了區別二者的不同,書寫者造"鮫"字爲"處水者"的專用字,是正常的。"魚"作義符可以更好地表達"生活在水中的"或"魚類的一種"的意義取向,更符合其在水中生活的實際。在讀音上,"鮫""蚑"均從"支"聲可通。

從以上的考察可以看出,"鮫"字的産生就是爲了更好分別"蛭"的不同類型。作爲俗字,它的出現最主要的功能就是"區別",體現了俗字的"區別性"特徵。

三、漢字發展過程中繁化現象的再認識

表面上看,漢字的發展過程就是不斷簡化的過程,實際上,在漢字的歷史演變中繁化也佔有重要地位,起著很大的作用。我們稍加注意就會發現,甲骨文中一些字的形體比後世的字形簡單,如"雲"在"甲骨文"中接近現代漢字"云"(《甲骨文合集》13386),而小篆加義符"雨"作"雲"。《帛書》中也有許多俗字相對於正字是繁化,如"胃"作"腜","熬"作"爐","奈"作"禁"。這一現象爲我們研究漢字的簡化提出了一個新的問題:既然漢字的發展趨勢是簡化,爲什麼有那麼多繁化的現象出現呢?

漢字繁化現象的出現有許多原因,其中最主要的也是根本原因是語言文字區別律的制約。"區別律"與"經

濟律"是語言文字發展中的兩個基本原則。"經濟律"
要求用最少的形式承載最多的內容;"區別律"要求人
們在使用語言文字時能夠相互區別而不產生混淆。當
一種文字非常"經濟",即字形數非常少或字形非常簡
單時,就不可避免地出現文字字形相同、相似,導致使用
上的混亂。當這種混亂影響到文字的功能時,"區別律"
便發揮作用,促使字形不斷增加以減少用字的混亂。但
字形的無限增加又違背於"經濟律"原則,字形太多會
增加人們識讀文字的負擔,使文字難學難用。因此,爲
了最大限度地使文字間相互區別又不增加文字使用者
的負擔,在原字形基礎上增加一些部件便成爲一種好的
解決辦法,這就是繁化。比如《帛書》中的俗字"屎",
本是假借"矢"字來表示,一個字位對應兩個詞位違背
了文字的"區別律",便加"尸"旁,繁化作"屎"。所以
我們說繁化現象是漢字演變過程中的重要組成部分。

　　繁化又是一個歷時的概念,一個字的字形在一定
時期相對前代可能是繁化,但這個字的字形在後世可能
又發生了簡化,所以說繁化並不一以貫之,在不同的歷
史時期有著不同的特點。漢字發展的總趨勢是由繁到
簡,這主要是從漢字的筆畫與構字部件的數量多少來說
的,包括漢字書體(甲、金、篆、隸、楷)的變化、構字部件
筆畫的減少,以及用簡單的部件替代較複雜的部件等
等,那些簡化了的漢字很少背棄原來的構字理據(部分
同音字替代,符號類推和草書楷化的簡化字除外),特
別是隨著漢字形聲化的發展,大量的新增字及簡化字都
符合形聲造字法的原則,而不是一味的無目的、無規則

的簡化。

漢字的繁化與簡化有區別又有聯繫,是矛盾的兩個方面。漢字的發展是演字的簡化史,也是漢字的繁化史,兩方面都統歸於漢字演變的歷史中。由此我們可以聯繫現代漢字的改革。改革不等於簡單的簡化,那種認爲漢字可以無限制地簡化甚至可以拉丁化的觀點不符合漢字發展的規律,也是不可能實現的。

第五章　文獻内容對俗字的影響

——以從“月(肉)”旁的俗字爲例

　　漢字表義的特點使不同的字形承載不同的詞義,詞義對漢字有較大的影響,所記録的文獻内容的性質也同樣影響到了漢字,俗字的産生及其特點尤其能反映這一點。對這一問題學者們較少論及,我們嘗試在考察《帛書》從“月(肉)”旁的俗字基礎上,對此現象進行初步的研究。

一、《帛書》從“月(肉)”旁俗字考釋

1. 胳

　　《足臂灸經》1:“足泰(太)陽脈:出外踝婁中,上貫膞(腨),出於胳,枝之下胛;其直者貫□。”

　　又3:“其病足小指廢,膞(腨)痛,胳攣,脽痛,産寺(痔),要(腰)痛。”

　　又13:“足少陰脈:出内踝窶(婁)中,上貫膞(腨),入胳,出股,入腹,循脊内□兼(廉)。”

　　《陰陽灸經甲》38:“北(背)痛,要(腰)痛,尻痛,痔,胳痛,腨痛。”

　　又62:“少陰脈:毄(繋)於内踝(踝)外廉,穿腨,出胳【中】央。”

　　“胳”字《説文解字》未見,應是“却”字的俗字。

清桂馥《札樸·溫經·脣》:"胅即胳,掖下也。"從文義上看,"胳"當是指人下肢的某一部位,所以桂馥所説似與此不同。《説文解字·卩部》:"卻,卩卻也。"《正字通·卩部》:"卻,俗卻字。"也就是以"卻"爲"卻"的俗字。《素問·刺腰痛篇》:"足太陽脈令人腰痛,引項脊尻背如重狀,刺其郤中。"又,"解脈令人腰痛,痛引肩,目䀮䀮然,時遺溲,刺解脈,在膝筋肉分間郤外廉之横脈。"王冰注:"郤,膝後兩旁,大筋雙上,股之後,兩筋之間,横文之處,努肉高起,則郤中之分也。"把這一解釋放入上舉之例中,文從字順。但"卻"字爲什麼會寫成"胳"呢?這應徒漢字形聲字的特點來認識,漢字形聲字由聲符與義符構成,醫書的特點決定了其中有許多字從"肉(月)"旁。受其影響,抄寫醫書的人便有可能把許多本不從"肉(月)"的字改爲從"肉(月)"而造成俗字。並且這些本字的義符在意義上與"肉(月)"這一義符有一定的聯繫。所以"卻"字改換義符而成俗字"胳"便很正常了。《説文解字·卩部》:"卻,……從卩㕁聲。"段玉裁注:"俗作膝。"這也是以"肉(月)"旁換"卩"旁,可作爲旁證。

2. 膃

《足臂灸經》10:"(足陽明脈)循胻中,上貫膝中,出股,夾(挾)少腹,上出乳內兼(廉),出膃,夾(挾)口,以上之鼻。"

"膃"字《説文解字》不見,當是"嗌"的俗字。《玉篇·肉部》:"膃,脰肉也。"《儀禮·士虞禮》:"膚祭三,取諸左膃上。"鄭玄注:"膃,脰肉也。""脰肉"也就是頸部肌肉。但《帛書》中講到與頸部有關時一般是用

"豆(脰)"或"項",如《足臂灸經》1-2:"其直者貫□,夾(挾)脊,□□,上於豆(脰);枝顏下,之耳;其直者貫目內漬(眥),之鼻。"又29:"出小指,循骨下兼(廉),出臑下兼(廉),出肩外兼(廉),出項□□□【目】外漬(眥)。"(例多不贅舉)而無一例用到"腦"。所以"腦"在本句中也不應是"頸肉"之義,而當是"嗌"字的俗字。《説文解字•口部》:"嗌,咽也。"段玉裁注:"又按:凡言項、領、頸、亢胡者,自外言之。言嚨喉、嚕、吞、咽、嗌者,自內言之。""嗌"義作"咽"在本句中文從字順。"出嗌"即"出咽喉"亦是從內言之。故"腦"字當是"嗌"之俗字。"嗌"字在《帛書》中也出現,其意義正是"咽喉"。如《陰陽灸經甲》51:"嗌穜(腫),是耳脈主治。"又65:"舌柝(坼),嗌乾,上氣,饐(噎),嗌中痛。"用例較多。"嗌"字作"腦",是受醫書中俗字多從"肉(月)"的影響而改換了義符。

3. 膉

《足臂灸經》14-15:"病足熱,髀(腨)內痛,股內痛,腹街,脊內兼(廉)痛,肝痛,心痛,煩心,涸□□□□舌輅□旦尚□□□數膉,牧牧者(嗜)臥以欬。"

"膉"字《説文解字》不見,當是"喝"(音葉,意指聲音嘶啞的病症)的俗字。《玉篇•肉部》:"膉,臆也。"《淮南子•精神訓》:"膉下迫頤。"《説文解字•肉部》:"肊,胸骨也。……或從意。"《廣韻•職韻》:"臆,胸臆。"也就是說,"膉"之"臆"義是名詞,意義是"胸骨""胸部"。按之原文,"數膉"前雖有缺文,但仍可以看出"膉"應爲動詞,因爲在古漢語中名詞前一般不用表示頻率的"數"來修飾,並且全句是講病症,"膈"也不應例外。前面是說"××痛",而"膈"後無"痛"字,所以"膈"常與後面的"欬"有關,"欬"即"咳"。按此意義去考察,"膈"當是"喝"的換旁俗字。《説文解字·口部》:"喝,灟也。"段玉裁注:"疑當作灟音也,今脱'音'字耳。《莊子·庚桑楚》:'終日嗥而嗌不嗄。'崔譔本作'不喝'云啞也。《子虛賦》:'榜人歌聲流喝。'郭璞注:'言悲嘶也'。"也就是説,"喝"有嘶、啞義,與文義相符。《靈樞·經脈篇》:"腎足少陰之脈,起於小趾之下……循內踝之後……是動則病饑不欲食,面如漆柴,咳唾則有血,喝喝而喘。坐而欲起,目䀮䀮如無所見。"全句意義與《帛書》相似,可以對比。故"膈"當是"喝"的換旁俗字。

4. 睺

《五十二病方》390-391:"蟲蝕:□□在於睺,若在它所,其病所在曰□□□□□□□核,毀而取□□而□□,以□灑之,令僕僕然,即以傅。"

"睺"字當是"喉"的換旁俗字。《説文解字·口部》:"喉,咽也。從口,侯聲。"此字後世也有沿用,《類篇·肉部》:"睺,咽也。"《集韻·先韻》以"胭"爲"咽"之或體,可以參證。

上文所考"膒""膈""睺"三字都是以"肉(月)"旁換"口"旁,在俗字中,這種意義的義符替換比較常見。另外,敦煌卷子中還有以"胭"爲"咽"、以"撕"爲"嘶"[1]者,可與《帛書》中的這類俗字互相印證。

---

[1] 張湧泉《漢語俗字叢考》,中華書局,2000年,第656頁。

5. 腂

《陰陽灸經甲》58：“厥陰脈：啟（繫）於足大指菆（叢）【毛】之上，乖足【跗上廉】，去內腂一寸。”

又62：“少陰脈：啟（繫）於內腂外廉，穿腨，出胳（卻）【中】央，上穿脊之□廉。”

《陰陽灸經乙》1：“【巨陽脈】：潼外腂婁中，出卻中，上穿踹出猒（厭）中，夾（挾）脊。”

又3：“【少陽】脈啟（繫）於外腂之前廉，出【魚股】之外，出□上，出目前。”

“腂”字《說文解字》不見。《集韻·過韻》：“腂，腫赤也。”又《馬韻》：“腂，藥草名。生山谷中，益氣延年。”二者所釋之義都與《帛書》中文義無關。“腂”當是“踝”的俗字。《陰陽灸經甲》中有“踝”字，154：“大（太）陰脈：是胃脈也。彼（被）胃，出魚股陰下廉，腨上廉，出【內】踝之上廉。”《靈樞·經脈篇》：“肝足厥之脈，起於大趾叢之際，上循足跗上廉，去內踝一寸，上踝八寸。”與上第一例對比可以看出，“腂”即“踝”。並且以“腂”爲“踝”，後世亦有沿用。《新唐書·敬羽傳》：“羽鞫之，廉須長三尺，明日脫盡，膝腂皆碎，人視之，以爲鬼，乃殺之。”《舊唐書·敬羽傳》同記其事作“膝踝”。從字形的發展演變來看，《新唐書》當有所依憑，而《帛書》則爲我們提供了認識這一演變的線索。

6. 膞

《陰陽灸經甲》50-51：“耳脈：起於手北（背），出臂外兩骨之間，【上骨】下廉，【出肘中】入耳中。是動則病：耳聾煇煇膞膞，嗌種（腫），是耳脈主治。”

"脟"字《説文解字》不見。《集韻·魂韻》:同"臇",
"臇,月光也,或省。"意義與此處無涉。《陰陽灸經乙》8:
"耳脈:起【於手】北(背),【出臂外兩骨】之間,上骨下
兼(廉),出肘中,入耳中。是動則病:耳聾煇煇諄諄;嗌
種(腫),是耳脈主治。"通過異文對比,可以看出"煇煇
脟脟"即"煇煇諄諄"。但"煇煇諄諄"爲何意,亦不好
理解。《靈樞·經脈篇》:"是動則病:耳聾渾渾焞焞,嗌
腫,喉痹。"《太素》卷八作:"渾渾淳淳。"楊上善注:"耳
聾聲也。"也就是説,無論"淳淳""焞焞"還是"諄諄"
都祇是表示耳聾發出的聲音,形容聽覺混沌不清。"脟
脟"應常也不例外,祇是起一個象聲的作用,本身沒有
實際意義。按之《説文解字》"淳""焞""諄"三字均見,
但"脟"不見,可見"脟"字是《帛書》的書寫者借"享"
字爲聲旁另造的一個字。既然是借字表音且有許多現
成的字可借,爲何還要單造一個字?這當與醫書的性質
有關,醫書是講病理、藥理之類的內容,與人體有密切
的關係,許多與人體有關的字,其義符從"肉(月)",受
此影響,《帛書》中的俗字亦多從"肉(月)",書寫者在
抄寫醫書時受到這一規律的影響,把僅用作記音的俗字
也寫作從"肉(月)"旁。另外,《集韻》中的"脟"字則
又是"臇"字的俗省,在字形上兩字偶合。

7. 胕

《陰陽灸經甲》37-38:"(鉅陽脈)【其所產病:頭痛,
耳聾,項痛,耳彊】瘧,北(背)痛,要(腰)痛,尻痛,胕,胎
(卻)痛。"

《陰陽灸經乙》2:"(鉅踼脈)其所產病:頭痛,耳聾,

項痛,耳彊,瘧,北(背)痛,要(腰)痛,尻痛,胕,胎(郤)痛,足小指痺。"

《五十二病方》264:"血胕,以弱(溺)孰(熟)煮一牡鼠,以氣熨。"

考之字書"胕"字不見,當是"痔"的換旁俗字。"鉅陽脈"就是"太陽脈",這裏是指"足太陽脈"。《靈樞·經脈篇》:"膀胱足太陽之脈……是主筋所生病者,痔、瘧、狂、癲疾、頭囟項痛……項、背、腰、尻、膕踹、腳皆痛。"此處"足太陽脈"所生之病與《帛書》所記基本相同,通過對比異文可以看出"胕"即是"痔"。《五十二病方》從238行到270行都是治"痔"病的藥方,如244:"牡痔居竅旁,大者如棗,小者如棗覈(核)。"又253:"牝痔有空(孔)而攣,血出者方:取女子布,燔,置器中,以熏痔。"上舉《五十二病方》264行的例子也屬於這一範圍,也應該是一個治療"痔"的方子,所以"胕"當是"痔"字的換旁俗字無疑。

8. 軆

《五十二病方》376-377:"身有軆癰種(腫)者方:取牡□一,夸就□□□□□□□炊之,候其洎不盡一斗,抒臧(藏)之,稍取以塗身軆種(腫)者而炙之。"

《五十二病方》殘片14:"靡(摩)身軆。"

《却穀食氣》1:"爲首重足輕軆畛(胗),則响炊(吹)之,視利止。"

《養生方》167:"(將釀好的藥酒)以鋪食飲一杯。已飲,身軆養(癢)者,靡(摩)之。服之百日,令目【明耳】蔥(聰)。"

《龍龕手鏡·肉部》以"䏝"爲"䐢"的俗字。從《帛書》中考察，"䏝"當是"體"的俗字。《説文解字·骨部》："骼，禽獸之骨曰骼，從骨各聲。"徐鍇《説文繫傳》"胳"字下注："鍇按：《禮》或作骼。"《儀禮·鄉飲酒》："介俎、脊、脅、胳、肺。"鄭玄注："胳，今文作骼。""骨"和"肉（月）"作爲義符可通。故"䏝"爲"體"的俗字，在意義上可通。金文中又有"軆"字，《中山王方壺》："君臣之位，上下之軆。""身"和"骨"作爲義符，義近可通。《廣韻》以"軆"爲"體"的俗字，可以和"䏝"字相參證。

《帛書》中從"月（肉）"旁的俗字，還有前文考釋的"肒""膭""膣""胭"等字。

二、《帛書》從"月（肉）"旁俗字分析

如果我們對上文所考釋的俗字進行一下分類的話，可以分爲以下幾類。

（一）義符的替換

用一個意義相近或相關的義符替換原有的義符，如"脮""膃""膈""腠""踝""䏝"。這些字有的原從"卪"旁，有的原從"口"旁，有的原從"骨"旁，還有的從"足"旁。這些義符都與人的身體有關，或者是人的身體上的一部分。《帛書》的主要內容是一些藥方、藥理、養生術等，都與人體有關。"肉"也是人體上的一部分，並且許多與人體有關的字都從"肉"旁。受其影響，《帛書》的書寫者便可能爲這些本不從"肉"的字改換義符。這種現象符合漢字表義符號替換的一般原則，同時也反映了漢字受文獻上下文類化的影響，符合漢字造

字的理據,有一定的價值。

（二）完全重造

替換義符又替換聲符,如"腺""肔"。完全重造的
字反映了人們在用字過程中已經對漢字的造字法有自
覺的認識,開始把漢字的造字觀念通用到實際用字之
中。《帛書》中完全重造的字不是很多,從"肉"旁的字
則祇有兩個。這兩個字一個是爲引申義造字,"枕骨"
義,是"枕"字的引申義,但"枕"在字形上與它所表達
的這一意義有一定的差距,所以《帛書》的書寫者便重
造"腺"字表示這一意義。而"肔"完全是爲"滓"字
重新造了一個寫法相對簡單的俗字。但如果是爲"枕
骨"義造字則"腺"從"骨"旁似乎更爲合理,"肔"字從
"肉"旁也好像與"渣滓"義沒有多大關係。產生這一
現象的原因還是應該從文獻內容上去考慮。上文我們
說過,《帛書》中有許多字從"月(肉)"旁,受其影響,書
寫者在造俗字時便自然地以"月(肉)"爲義符。

（三）音借字

與簡單的義符替換不同,它沒有嚴格意義上的正
字,如"脖"。音借字是我們爲本文的這一類字所規定
的一個概念。"脖"字所表達的意義與它的讀音有密切
關係,就其實質來說,它沒有實際語義,祇是描繪一種
聲音,屬象聲詞。所以在不同的地方可以用"淳",也可
以用"諄",還可以用"焞"。另造"脖"字,應該更多的
是受文獻內容的影響。

（四）假借字改換義符

假借本質上是借音表義，改換義符後，它與借字的關係疏遠，而由於意義上的相同，轉而與被借字更加接近，形成一類特殊的俗字，如"臏"。爲假借義造"本字"是形聲字産生的一個重要方式，這類字通常是以假借字的整字或其一部分爲聲符，然後加注義符構成的，義符的選擇經常受造字者個人主觀意識的影響。而《帛書》的特點也影響了這類字的産生，"臏"從"月（肉）"旁就是一個很好的例子。

（五）贅旁俗字

本不需要義符，但由於受其他字的影響，並且增加義符往往可以使字義更加明確，這也是形聲字産生的一方式，如"腈"。"胃"字作爲一個象形字，本身已經可以表示它的本義，增加一個義符祇是爲了讓它表義更爲明確，之所以選擇"月（肉）"爲義符而造俗字"腈"，也應是受文獻內容的影響。

從上面的分類可以看出，雖然産生這些俗字的方式不盡相同，但它們有共同的特點：從造字法上看都是形聲字，並且都從"月（肉）"旁。在祇有兩萬字的材料中，出現一批具有相同特點的俗字，不應當是偶然的，説明文獻內容對俗字的産生及其特點有重要影響。

三、文獻內容對漢字的影響

一定性質的文獻有自己的語言特點，特別是表現在詞彙上，都有較爲特殊的詞語係統，例如佛經文獻中有大量的佛教用語,"阿僧祇、南無、三藏、四諦、五蓋"[①]
等等;而醫學文獻中則有大量的醫學用語,"水谷、大
肉、絕皮、將息"[②] 等等。這些不同文獻的特殊詞彙與漢
語的一般詞彙系統相互影響、相互滲透,豐富了漢語的
詞彙。文字是語言的書面載體,是輔助的交際工具。文
獻內容的不同必然會在漢字的使用中有所體現,特別是
體現在主觀性很强的俗字中。

(一) 有時一種文獻的書寫會使用一批相同偏旁的漢字,受心理類化的影響,反映在俗字中

書寫某一性質的文獻,不可避免地會出現許多偏
旁相同的字,比如醫學文獻中有許多字從"月(肉)"
旁。書寫者在書寫過程中受這些字的影響,就有可能把
本不從這一偏旁的字改爲從這一偏旁的俗字。上文我
們考釋的這一些字可以説明這一問題。爲什麽《帛書》
中會有這些俗字呢?《帛書》是醫學文獻,許多醫學用
字都從"月(肉)"旁,而肉作爲人體的一部分也與醫學
密切相關,這一特點影響到文字的書寫,就造成了同類
俗字。從認知心理學的角度來看,這就是人類心理類化
的影響。其實很多字,比如"嗌"的俗字"膉";"喉"的
俗字"睺",本來"從口"更能表達本字的意義。而"枕、
淬"也與"肉"没有多少關係,但俗字"腃、肘"卻均從
"月(肉)"旁。

[①] 參見顔洽茂《佛教語言闡釋——中古佛經詞彙研究》,杭州
大學出版社,1997 年。

[②] 參見張顯成《先秦兩漢醫學用語研究》,巴蜀書社,2000 年。

（二）文獻內容的不同直接通過書寫者，反映在俗字中

文獻內容本身是固定的，它不可能直接影響到文字，而祇能通過書寫這種文獻的人爲中介，通過影響書寫者個人的心理，反映到文字中。東漢以後佛教傳入我國，國內的一些信徒開始翻譯佛經，在這一過程中出現了大量的俗字。例如，"佛"的俗字作"伕"，又訛變爲"伕"，人們以西天爲佛國，"天人"則自然就是佛了，所以産生了"伕"這樣一個會意字。《字彙•人部》以"西域哲人"四字合體會意爲"佛"字。《改併四聲篇海•自部》引《類篇》以"自覺"二字合體會意爲"佛"字。這兩個字分別以"西域哲人"和"自覺"來會意，都非常明顯地表現出佛經文獻對漢字的影響。另有"皈"字也是佛經中的常用字，如《孟姜女變文》："勞貴遠道故相看，冒涉風霜捐氣力，千萬珍重早皈還。"《敦煌變文集•難陀出家緣起》："發心從此轉慇勤，啓首皈衣（依）禮世尊。"這個字《説文解字》《玉篇》均無，《龍龕手鏡》"音歸"。但"皈"字習見於敦煌文獻，當是佛經翻譯者爲人們從不信仰到信仰佛教這一過程造的一個字，以"自反"會意。通過這幾個俗字能夠清楚地看出，文獻的內容是影響俗字形體的重要原因。這類字大多以會意字的面目出現。

（三）與文獻內容有關的事實，反映在俗字中

墓碑是爲紀念死去的人或紀念重大事件所立的。東漢以後，我國風行立碑、刻石，用以記錄死者的姓名、

爵位、行事，表彰死者的道德，或是記錄重大的事件。查看碑刻文獻可以發現，俗別字不可勝數，對此“前人所述備矣”。我們在此隨手拈取一些從“土”旁的俗字，“彎”俗作“壋”；“罍”俗作“壘”；“軀”俗作“堀”，又作“坥”；“阜”俗作“埠”；“陵”俗作“埈”。本來是“從口”“從缶”“從身”“從阝”的字都被改爲“從土”，沒有義符的字加義符“土”。從構字的理據來看，有些俗字根本沒有什麼根據，如“從口”與“從土”；“從身”與“從土”，無論是形體還是意義都相差較遠，理解這些字産生的原因還要從文獻的性質起。碑刻文獻是爲紀念死者而寫的，人死後葬於土中，碑亦立於土中，這一切都與土有密切的關係，從而反映到碑文的書寫中，産生了許多“從土”的俗字。

從以上分析可以看出，文獻內容對漢字形體的影響是客觀存在的。認識這一現象對我們考釋俗字，考察漢字發展中的非文字現象的影響有重要意義。同時可以説明，研究漢字需要研究中華傳統文化，否則我們的研究就是不完整的。

結　語

一、簡帛俗字研究的意義

（一）簡帛俗字與漢字整理

　　漢字從産生之日起就有大量的異體字存在。異體字多，是漢字的主要特點之一。從古到今的各種字書裏都收有大量的異體字，這些異體字有很多都是俗字。我們要整理漢字，建立"全漢字"資料庫，俗字是不容回避的。簡帛俗字所處的時代決定了它的重要性。秦漢之際文字使用中産生的特殊現象較多，要整理這一時期的漢字就要認真研究這些現象。對秦漢簡帛俗字進行整體研究及個案考釋，都是漢字整理工作的一部分。全面地整理漢字，也是編纂一部更高質量的漢語字典的基礎工作。

（二）簡帛俗字與漢文字學

　　文字學是研究文字發生發展規律的科學。俗字是漢字發展中的特殊現象，對這一現象進行研究可以從另外一個側面研究漢字發展的規律。有利於認識漢字形聲化，有利於認識漢字簡化，有利於認識漢字隸變的規律。

　　俗字發展史是漢字發展史的一部分。簡帛俗字的研究對我們弄清俗字發展的源流，及其發展規律都有重要意義。

首先，俗字的發展受到傳統力量及人們"正字"觀念的影響。例如"壯"，在《帛書》中作"壮"，"蟲"作"虫"，其形體都已與現代漢字相近或相同。但傳世的大部分的典籍中仍寫作"壯"和"蟲"，而排斥俗字。說明俗字進入"正字"的領域是不容易的，它要受到"傳統"與"正字"的制約。

其次，可以正確認識俗字。俗字的產生帶有很大的主觀性。有些俗字爲了單純的簡化而造成用字的混亂，使得對這些漢字的識讀變成一件困難的工作。通過對俗字特點的總結可以看出，俗字的產生符合社會發展的一般規律，也符合漢字發展的規律，它並不是完全任意的。俗字的出現仍然沒有抹殺漢字的區別作用。

再次，可以幫助我們理解後代字書中的"或體""別體"字。翻開唐宋以來的字書、韻書，"或體""又體""別體"字連篇累牘，有些字來源不明，簡帛俗字則可以爲許多"或體""別體"字找到"源頭"。

最後，爲現代漢字的改革提供理論根據及材料來源。秦漢間漢字的簡化與現代漢字的簡化是漢字史上不同階段的簡化現象。通過研究秦漢簡帛中的俗字，可以總結漢字簡化的一些規律，爲現代漢字的簡化提供理論支持。同時通過對簡帛俗字的整理，可以發掘出一些有利於漢字簡化的具體字形，供簡化時選用。

（三）簡帛俗字與漢字文化的研究

漢字的形體特點爲其承載更多的文化内涵提供了

方便。通過漢字研究中國傳統文化已成爲一門方興未艾的學科——漢字文化學。漢字文化學是一門以漢字爲核心的多邊緣交叉學科。它主要包括兩方面的內容：一是漢字自身的文化意義；二是漢字與中國文化的關係。漢字文化與漢民族的文化模式、習俗、思維方式有著密切的聯繫，而這些都可以在文字上反映出來。俗字首先產生於民間，除了漢字固有的理性分析特徵以外，俗字更多地反映了一個地區、一種地方文化，甚至是個人的習慣。本文第五章對從"月（肉）"旁俗字的考釋可以很好地看出中國醫學文化在漢字上的反映。漢民族的傳統思維方式具有整體性的特點，善於把握事物的對立面，正如中國傳統園林、建築多崇尚對稱平衡一樣，漢字也反映了這些特徵，漢字形聲化的發展折射出中國傳統思維模式和審美觀念。

有些觀點認爲漢字的發展方向是表音文字，這種觀念更多地是建立在印歐語研究的基礎上，得出漢字落後的結論，而不是以漢語、漢字的特點爲基礎。文字的發展有時會受到非語言因素的影響，其中文化是一個重要方面。中華傳統文化思維的整體性特徵，導致人們在思考問題時不用概念分析，也不用語言表達，而是一種直觀的把握。漢字的形聲字便體現了這一點。

俗字的產生是漢字繁簡矛盾運動的結果，其中簡化是矛盾的主要方面。漢字繁簡變化的背後是中國傳統"和合"哲學的反映。文字是語言的書寫符號，語言要求文字明確地表達出它的音義，這需要繁化。但文字是一種工具，使用者要求使用起來方便簡潔，這就需要簡化。漢字的發展證明漢字沒有也不可能走向"字母化"，換句話說，漢字的簡化不能是無盡頭的，它除了受到漢字自身發展規律影響外，還較多地受中國傳統文化的制約，有自己特殊的發展模式。

二、俗字產生原因

首先，漢字自身發展規律是決定性因素。漢字從甲骨文到現代漢字，基本表現方式是一定的，恪守著方塊的外形，以點綫爲文字的基本線條。但這也不是一成不變的，漢字一直處在不斷變化之中，必然會產生這樣那樣的特殊現象。俗字是其中的一種。

從上文對漢字形聲化的探討可以看出漢字形聲化的發展是俗字產生的一個重要原因，造成了一大批以形聲字面目出現的俗字（比如本文第三章所考察的俗字）。

隸變是漢字由小篆向隸書演化的過程中表現出來的形變、省變和訛變的總稱，是漢字發展史上的一件大事，是古今文字的分水嶺。隸變的過程也是漢字完全符號化的過程，也就是變篆體圓轉的線條爲平直方折的筆畫的過程。隸變前後的漢字在形體上發生了較大變化。這些變化包括隸合、隸分、隸省、隸解以及訛變，這些隸變現象都可能造成一字多形，其中就包括了俗字，如《帛書》中"策"的俗字作"筴"，"刺"的俗字作"刾"，"象"的俗字作"豪"，都是隸變中造成的。

其次，書寫工具與書寫材料的差異。一般來說，工具是做任何工作都不可缺少的，書寫工作也不例

外。《帛書》時代，人們的書寫工具主要是毛筆。書寫
材料是文字的載體，是文字得以流傳的不可或缺的物
質條件，《帛書》的書寫材料多爲縑帛，少數是竹簡、木
簡。前者價格昂貴，後者削制也不太容易，這在客觀上
要求書寫者在寫字時儘量使每一個字少占空間。這樣，
書寫者便可能對漢字進行改造，以節約空間，從而形成
俗字。

再次，書寫者個人的因素。每人的心理是不同的，
每個書寫者對漢字的認識也有一定的區別。一般來説，
書寫者都認爲"形碼"（即字形的作用）具有唯一性，但
每個人對這種唯一性的認識有很大的差別，這些差別反
映在書寫上就表現爲不同的人在書寫同一個字時可能
會産生不同的有一定區別的形體。同時，漢字"音碼"
（即字音的作用）的特殊性，容易造成書寫者在書寫形
聲字時選擇不同的聲符。趨簡是文字發展的方向，也是
個人的心理要求。但具體到一人一字，如何簡化就會有
一定的分歧，反映在字形上也有可能造成俗字。

文獻內容對書寫者個人的心理產生潛在的影響。
文獻內容本身是客觀的，而這客觀性反映到不同的書寫
者個人身上，就表現爲一種主觀性。

書寫者個人的生活環境、受教育程度、知識範圍都
可能有較大的差異，這些差異在書寫過程中也會産生字
形上的不同。

三、簡帛俗字研究的前瞻

簡帛俗字研究有重要意義，但現階段對它的研究

還有待加强。簡帛俗字的研究應首先係統、全面地考釋簡帛文獻中的俗字，立足於一個字、一種文獻地進行，進而全面地研究簡帛文獻中的俗字。揭示俗字産生發展的規律，建立一套完整的漢語俗字理論體係。從俗字的角度，研究漢字發展的一般規律和漢字發展中的特殊現象，認識非語言及非文字因素對漢字發展的影響，爲漢字史的研究服務。正確認識俗字在漢字發展史上的地位，爲現代漢字改革提供理論依據和材料來源。爲達到這一目標，《簡帛俗字譜》的編寫是不可缺少的，這要求有志於此的學者設立專門的項目來開展這一工作，《簡帛俗字譜》的編纂成書定會爲漢語俗字的研究樹立一個新的里程碑。

下篇
武威漢簡《儀禮》異文研究

第一章　通假字

一、通假概説

(一)對通假字的認識

通假是古書中普遍存在的一種現象,通假字常常會成爲閲讀古書的障礙。通假亦稱"假借"。朱駿聲《説文通訓定聲•自敘》中説"不知假借者,不可與讀古書",形象地指出了通假是古代書籍中的普遍現象,説明了研究古代通假現象的重要性。學者們對通假字進行研究的著作和論文非常豐富,對通假的定義也有不同的認識。從宏觀的角度即整個漢字史的維度去把握通假字,對通假字的定義有多種。有的定義比較寬泛,如王力先生認爲通假是"同音或音近的字的通用和假借"[①];有的定義比較細緻,如"古人在行文時不用本字,而用另一個音同音近而義不同的字去代替本字,這個用以替代本字的字就稱作通假字。"[②]《漢語大字典》在《編寫細則•釋義•通假現象的處理》中這樣定義:"通假是指古漢語書面語言中音同音近而意義原無關係的字的通用。"

---

① 王力《古代漢語》上冊第二分冊,中華書局,1962年,第50頁。
② 楊合鳴《通假字淺論》,《武漢大學學報》(人文社會科學版),2000年第1期。

綜合歷代學者對通假現象的研究與定義，學術界一般認同通假須具備三個條件：一、通假字與本字在讀音上相同或相近；二、通假字與本字在意義上毫不相干；三、通假字與本字同時並存。

本文原則上採用以上三個條件作爲鑒別通假字的標准。然而簡帛文獻不同于傳世文獻，大多是手抄本，其中出現大量的古文、籀文、繁體、省體、訛體，異文繁多且複雜，所以在對簡帛材料的通假字進行認定時，還應該靈活運用研究傳世文獻的方法，以避免本質屬通假的字的誤漏。譬如本文所指的"訛俗通假"一類，就是出土文獻中特有的通假現象。在出土文字材料各類異文中，通假字歷來占較大比重。李學勤先生曾指出："簡帛典籍又多見通假字。……我在拙著《周易經傳溯源》中已説明。例如'履'作'禮'，'坎'作'贛'，'革'作'勒'，'艮'作'根'等等，細究其義，今本的都是本字，帛書的都是借字，並無深文奧義可尋。這是在研究簡帛時不可不有的一種認識。"① 這段話非常明確地指出了出土文獻典籍的特點之一就是，比傳世文獻使用的通假字多得多。當然，相同內容的簡帛文獻用本字、傳世文獻用通假字或兩種文獻都用通假字的情況也是有的，祇是比較少見而已。

對于武威漢簡《儀禮》中的通假字，本文主要是通過簡帛文獻與傳世文獻異文對比的方法進行確定。通過對比武威漢簡《儀禮》（以下簡稱"簡本"）和傳世文

---

① 李學勤《簡帛佚籍與學術史》，時報文化出版企業有限公司，1994年，第6頁。

獻《儀禮》（以下簡稱"傳本"），可以把通假字現象確定爲以下四種類型：一是簡本用借字，傳本用本字；二是簡本用本字，傳本用借字；三是簡本與傳本使用相同的借字；四是簡本與傳本使用不同的借字。武威漢簡《儀禮》中共有通假字278組。簡本用通假字，傳本用本字的有240組，占總數的86.33%；簡本用本字而傳本用通假字的有14組，占總數的5.04%；簡本、傳本用相同通假字的有19組，占總數的6.83%；簡本、傳本用不同通假字的有5組，占總數的1.8%。在這278組通假字中，簡本使用借字的共264字，約占總字數的95%，而傳本使用借字的共38字，約占總字數的14%。由此可見，漢字在發展史上出現過"假借"字較多的階段。簡本時代的文獻由于耳聞手寫，出現"倉卒無其字"從而借用音同或音近字代替的情況是很普遍的。

（二）通假字與其他異形字概念的聯繫與區別

1.通假字與假借字

通假與假借長期以來就是古代漢語漢字研究中爭論較多的話題，爭論的焦點在于假借是否等同于通假。學者們對此眾說紛紜。本文認爲假借不同于通假，"本無其字"的假借與"本有其字"的通假是不同的兩個概念。

假借屬于傳統"六書"的範圍，是一種造字法；通假是文字使用過程中出現的現象，是一種用字法。更准確地説，假借大多是造字之初，爲彌補漢字較少不能完全表達新出現的詞語而採取的一字兩用或多用的方式；

通假是本字已存,僅爲書寫簡便快捷或一時想不起本字而臨時借用音同、音近字的兩字一用的方式。

通假的實質是既"通"又"假",關鍵是互爲通假的兩字並存。因此,在本文中我們一般衹討論本字既存的通假字,而不包括《武威漢簡》時代本字還未出現的假借字。例如下例中 a 句的"湛"與 b 句的"醓":

a. 簡本《少牢》19:薦自東房,韭菹湛醢,坐鄭于延前。

b. 傳本《少牢饋食禮》1200 下:薦自東房,韭菹醓醢,坐奠于筵前。[①]

《說文解字‧水部》:"湛,沒也。從水,甚聲。"段玉裁注:"古書浮、沈字多作湛。湛、沈,古今字,沉又沈之俗也。"醓,《說文》不見。《字彙‧酉部》:"醓,肉汁。"《周禮‧天官‧醢人》:"朝事之豆,其實韭菹醓醢。"鄭玄注:"醓,肉汁也。"湛、醓意義無涉。b 例句,鄭玄注:"韭、菹、醓、醢,朝事之豆也而饋食用之。"可見,先前借用"湛"來表其"肉汁"義,"醓"字爲晚出之字,故"湛"不在本文研究之列。

2. 通假字與古今字

從理論上説,通假字與古今字很容易區分:通假字是一種共時性的文字關係,而古今字是一種歷時性的文

---

① 本書所引用傳世本《儀禮》爲中華書局影印清阮元《十三經注疏》本。例句一般成對出現:a 例句爲《武威漢簡》文句,篇名後的數字代表簡號;b 例句爲傳世本文句,篇名後的數字代表頁碼。

字關係。一般認爲，通假字的存在條件有三點：通假字
與本字同時並存；通假字與本字必須音同或音近；通假
字與本字在意義上沒有關係。而古今字存在的條件一
般是指：古字與今字是先後産生或先後使用的；古字與
今字一定都是有語音關係的；除了爲假借義另造今字的
情況外，古字與今字在意義上也是有關係的。對比通假
字和古今字兩類文字的特點，可以發現二者在一定程度
上是有交叉的。簡本《儀禮》是處于歷史某一橫斷面上
的文獻典籍，其所使用的文字也是漢字演變史上的一個
相對具體的時間點上的文字，因此，表示某種意義的古
字與今字可能出現于同一時間點。如果古字或今字中
有通假字，就一定會與通假字産生關係。況且很多字我
們無法確定其具體産生的年代，畢竟傳世的字書及文獻
書籍經過歷代的增删改變，文字上的失真不可避免。早
期的出土文獻材料雖然具有較高的可信度，但字數不
多，且也僅能代表當時的文字現象，而古今字是一個歷
時的概念，判斷古今需要歷史的維度、發展的眼光，這
會給古今字的判定帶來很大的困難。

　　"古今字"的概念出現較早，東漢經學家鄭玄在遍
注群經時將"古今字"作爲訓詁術語提出來後，歷代學
者就頻繁使用，並且分別定義。清代學者對這一問題
涉及較多，段玉裁認爲"隨時異用者，謂之古今字"；王
筠《説文釋例》中稱"古今字"爲"分別文""累增字"；
徐灝稱之爲"造字相承"，指出了古今字的性質、特點。
然而"古今無定時，周爲古則漢爲今，漢爲古則晉、宋爲
今"，歷史上文字的發展是不斷演進的，我們在隨時變

化中很難澄清"古今字"與其他訓詁術語的關係。因此，爲使"古今字"這一術語的内涵表達得更爲清楚，本文中不使用"古今字"的名稱，而採用"传承字"與"新構字"來處理這類文字。

3. 通假字與同源字

關于同源字，王力先生在《同源字典•同源字論》中說："凡音義皆近，音近義同或義近音同的字，叫做同源字。這些字都有同一來源。"① 從本質上說，同源字的產生是以詞義發展爲核心的。新詞伴隨著社會的前進不斷出現，而詞彙發展的重要途徑之一就是詞義的引申，詞義引申的結果就會不斷産生新義或派生出新詞，爲這些新義或新詞所造的孳乳字就是同源字。孳乳字與原字分別承擔了不同的意義，讀音相同或相近，它們一般會有一個時期新詞與舊詞的相互混用。所以作爲詞的記錄形式的字，即具有同源關係的孳乳字與原字，也可能産生一定時間的混用，並且很多同源字在字形上關係密切，比較接近。我們係聯同源字的時候就往往從同一聲符入手，這一點與通假字有較大的相似之處，因爲通假字與本字之間也有很大一部分存在聲符上的相同。但是"同源字"與"通假字"的區別也是很明顯的，我們可以把二者區分開來：一般而言，讀音和意義上都有聯繫的應歸入同源字，讀音上有聯繫而意義上沒有聯繫的則應歸入通假。我們可以下例中簡本的"匜"與傳本的"簞"來説明同源字。

---

① 王力《同源字典》，商務印書館，1982 年，第 3 頁。

a. 簡本《特牲》11：尸浣，匜水。實于股中，匰巾左門内之右。

b. 傳本《特牲饋食禮》1181上：尸浣，匜水。實于槃中，簞巾在門内之右。

《説文解字·匚部》："匰，宗廟祭主器也。"又《竹部》："簞，笥也。從竹，單聲。漢律令：'簞，小匡也。'《傳》曰：'簞食壺漿。'"段玉裁注："漢律令之簞，謂匡之小者也，與經傳所云'簞謂笥'者異。蓋匡、簞皆可盛飯，而匡笥無蓋。"《廣雅·釋器》："簞，笥也。"王念孫《疏證》："匰，通作簞。簞與笥對文則異，散文則通。……簞以盛食，亦以盛巾櫛。"可見，匰與簞爲一對同源通用字。

4. 通假字與訛誤字

訛誤字就是錯字。通假字與訛誤字的差別應該是很明顯的，本來沒有將二者進行區分的必要。但簡文中出現了一類特殊的通假字——訛俗通假字，如簡文中常將"竹"頭字寫作"艸"頭字，"竹""艸"兩個偏旁不分。從用字的規範上來看，這類字可以看作訛誤字，也可以看作俗字，但在進行異文比較時，直接將其歸爲訛誤字不甚妥當，因爲簡本文字與傳本文字之間明顯存在著通假關係，而這種通假關係與其他的通假關係又有所不同，所以稱爲"訛俗通假字"。在此列出，祇爲指明與正常的通假字的區别，避免産生混淆。

5. 通假字與異體字

顧名思義，異體字指的是音同義同而形體不同的字。異體字多是古代漢字重要的特點之一。《辭海》解釋"異體字"："音同義同而形體不同的字。即俗體、古

體、或體、帖體之類。"《漢語大詞典》解釋"異體字":
"音同義同而形體不同的字。即俗體、古體、或體之類。"
一般來説,通過區分異體字之間的音義關係和通假字之
間的音義關係,可以很簡單地將二者區分開來,通假字
與異體字沒有什麼交叉。但是,通假字與其本字存在
著其中一個字是重文或體的情況,也就是其中的一個字
被《説文》視爲異體字的情況。我們可以下例中簡本的
"盉"與傳本的"醢"來説明。

a. 簡本《特牲》13:主婦浣于房中,薦兩豆,葵菹蠃
盉,盉在北。

b. 傳本《特牲饋食禮》1183 中:主婦盥于房中,薦
兩豆,葵菹蝸醢,醢在北。

《説文解字·皿部》:"盉,小甌也。從皿,有聲。讀
若灰。盉,盉或從右。"又《酉部》:"醢,肉醬也。從酉、
盉。"徐鍇《繫傳》作"從酉,盉聲。"王煦《説文五翼》:
"徐鉉:泥《唐韻》于救切,疑聲部相近,遂抹聲字而譔
以肊説,非也。醢當從酉,盉聲。"段玉裁注:"(籀文)從
艸謂芥醬、榆醬之屬也。從鹵謂鹽也,從盉猶從盉聲也。"
《周禮·醢人》:"掌醢醢。麋臡、鹿臡、麇臡、蠃醢,⋯⋯
凡醢皆肉也。""盉"字是《説文》正體"盉"的異體字,
與"醢"形成通假關係。

二、通假字與本字之間的關係

(一)通假字與本字的對應關係

通假字與本字是聲音相同或相近、意義上不存在
任何聯繫的一組字。某個字往往借爲幾個音同或音近

的字,也可能借幾個音同或音近的字爲一字。

1. 一個通假字對應一個或多個本字

（1）一個通假字對應一個本字

這種情況最爲常見,此不贅舉。

（2）一個通假字對應兩個本字

鄉 > 饗、曏 [①]。

a. 簡本《特牲》17:尸合拜,執鄭,祝鄉。主人拜如初。

b. 傳本《特牲饋食禮》1184 上:尸荅拜,執奠,祝饗。主人拜如初。

《説文解字·邑部》:"鄉,國離邑。民所封鄉也,嗇夫別治。"《食部》:"饗,鄉人飲酒也。從食從鄉,鄉亦聲。"引申指設宴待賓。二字本是古今字的關係,"饗"是後起的本字。羅振玉《增訂殷墟書契考釋》云:"(鄉)皆像饗食時賓主相嚮之狀,即饗字也。古公卿之卿,鄉黨之鄉,饗食之饗,皆爲一字,後世析而爲三。……饗入食部,而初形初誼不可見矣。"甲骨文"饗"字形皆像"二人相向而食",小篆才增"食"作爲意符。

a. 簡本《士相見之禮》4:主人送,再拜。須見之以某其墊,曰:"鄉者,吾子辱使其見。請還墊于將命者。"

b. 傳本《士相見禮》976 上:主人送于門外,再拜。主人復見之以其摯,曰:"曏者,吾子辱使某見。請還摯于將命者。"

《説文解字·日部》:"曏,不久也。從日鄉聲。"鄉、曏可通。

---

① 本例符号">"表示左方为通假字,右方为本字。下例同。

（3）一個通假字對應三個本字

選＞笄、簋、饌。

a. 簡本甲本《服傳》19-20：禽獸知母而不知父。野人曰："父母何選焉！"

b. 傳本《喪服》1106 上：禽獸知母而不知父。野人曰："父母何笄焉！"

《説文解字•辵部》："選，遣也。從辵、巺。巺，遣之，巺亦聲。"又《竹部》："笄，長六寸，所以計曆數者。從竹弄。"段玉裁注："……笄簋，與'算數'字各用，計之所謂算也。古書多不別。"又"算，數也。從竹具，讀若'笄'。"段玉裁注："古假選爲算。"故"笄"爲本字，"選"爲通假字。

a. 簡本《特牲》43：祝命當食。選者舉鄭許若，升入，東面。

b. 傳本《特牲饋食禮》1191 上：祝命嘗食。簋者舉奠許諾，升入，東面。

b 例句，鄭玄注："古文簋皆作餕。"清毛奇齡《辨定祭禮通俗譜》卷四："簋即餕，謂食祭之餘饌也。"《説文解字•食部》新附："餕，食之餘也。從食，夋聲。"簋者，指主人的長兄弟，使客人食"簋"，認爲享先人之餘福，可以養身。"餕"的聲符"夋"古音屬清母文部，"選"屬心母元部，音近可通。

a. 簡本《燕禮》1 背：善宰具官選于寢東。

b. 傳本《燕禮》1014 下：膳宰具官饌于寢東。

《説文解字•食部》："簋，具食也。從食，算聲。饌，簋或從巺。""饌"與"簋"在《説文》中是"正體"與

“或體”的關係。但在傳世本中，二字均有出現，可見
是將它們視爲兩個不同的字。因此我們也不論及二者
之間的“或體”關係，將“籑”與“饌”視爲兩個不同的
字。《玉篇•食部》：“饌，飯食也。”b 例句，鄭玄注：“具
官饌，具其官所饌，謂酒也，牲也，脯醢也。”古文“饌”
爲本字。“選”通“饌”。

　　一個通假字對應兩個本字或三個本字的例子，還
有：寺 > 待、俟；反 > 返、飯；溉 > 既、摡；生 > 牲、笙；錫 >
緆、賜；作 > 醋、阼；鄭 > 奠、定；詩 > 持、誘；吹 > 欠、歠；
義 > 議、儀、獻。

　　還有一個通假字對應四個本字的例子，如“辨”通
“半”（甲本《服傳》16），傳本用“牉”字。《玉篇•片部》：
“牉，半也。”《虞韻•換韻》：“牉，牉合，夫婦也。”賈公彥
疏：“夫婦半合，子胤生焉，是半合爲一體也。”“半”與
“牉”當是一對古今字。“辨”又通“胖”（簡本《少牢》
16），《説文解字•半部》：“胖，半體也。一曰廣肉，從肉、
半，半亦聲。”段玉裁注：“《周官經•腊人》注曰：‘鄭大
夫云胖讀爲判。’又云‘胖之言片也，析肉意也。’”“辨”
又通“徧”（簡本《特牲》33），這是一個簡本與傳本俱
用通假字的例子。《廣雅•釋詁二》：“辨，徧也。”《易•係
辭下》：“《復》，小而辨于物。”王引之《經義述聞》：“辨，
讀曰徧，古文辨與徧通。”又《説文解字•彳部》：“徧，帀
也。從彳，扁聲。”《玉篇•彳部》：“徧，周帀也。”再引申
爲“周遍、完全”義。例句意思是：爲備禮故，在每個人
的座位上皆放有“薦”“俎”。所以有“周遍”義。“徧”
爲本字。“辨”又通“辯”（簡本《士相見之禮》10 ）。《説

文解字·辛部》:"辯,治也。從言在辡之間。"《玉篇·辛部》:"辯,正也。"鄭玄注:"辯,猶正也。

2. 一個本字對應一個或多個通假字

(1)一個本字對應一個通假字

這種情況最爲常見,故不再舉例。

(2)一個本字對應兩個通假字

① 執、埶 > 摯。

a. 簡本《士相見之禮》2:主人對曰:"某固辭,不得命,將走見。聞吾子稱執,敢辭埶。"

b. 傳本《士相見禮》975 下:主人對曰:"某也固辭,不得命,將走見。聞吾子稱摯,敢辭摯。"

a 例中的"執"和"埶"都通"摯"。《説文解字·幸部》:"執,捕罪人也。從丮、幸。"《土部》曰:"埶,下也。從土,執聲。"又《手部》:"摯,握持也。從手,執聲。""摯"是指"士相見"時手持的禮物,爲本字。三字古音相同或相近,可以通假。

② 桓、短 > 頭。

a. 簡本《士相見之禮》1:左桓奉之,曰:"某也願見,無由達。某子以命命某見。"

b. 傳本《士相見禮》975 中:左頭奉之,曰:"某也願見,無由達。某子以命命某見。"

《説文解字·豆部》:"桓,謂之豆,從木、豆。"段玉裁注:"豆亦聲。"頭,《説文解字·頁部》:"首也,從頁,豆聲。""左頭"即把作爲禮物的"雁"的鳥頭放在左邊。"桓"與"頭"均從"豆"聲,可通。

a. 簡本《士相見之禮》8-9:上大夫相見以羔,【飾之以】布,四維之結于面。左短,薦執之。

b. 傳本《士相見禮》976 下:上大夫相見以羔,飾之以布,四維之結于面。左頭,麝執之。

《説文解字·矢部》:"短,有所長短,以矢爲正。從矢,豆聲。"句中"左短"與上例"左梪"意義相同。"短",豆聲,也是"頭"的通假字。

③窘、淳 > 梱。

a. 簡本《泰射》59-60:既拾取矢,窘之。

b. 傳本《大射》1036 中:既拾取矢,梱之。

《説文解字·宀部》:"窘,群居也。從宀,君聲。"《木部》曰:"梱,門橛也。從木,困聲。"鄭玄注:"梱,齊等之也。"也就是把箭排放整齊的意思。"窘"與"梱",聲近韻同,可通。

a. 簡本《泰射》63:司射西面命曰:"中離,維剛,陽觸淳復。"公則澤獲,眾則不興。

b. 傳本《大射》1036 下:司射西面命曰:"中離,維綱,揚觸梱復。"公則釋獲,眾則不興。

《説文解字·水部》:"淳,渌也。從水,享聲。"鄭玄注:"梱復,謂矢至侯不著而還復。復,反也。"清王引之《經義述聞》:"注内'至'字正釋'梱'字。""淳"與"梱",聲近韻同,可通。

(3)一個本字對應三個通假字

澤、擇、舍 > 釋。

a. 簡本《泰射》60:澤弓矢于次,挩決拾,襲,反位。

b. 傳本《大射》1036 下:釋弓矢于次,説决拾,襲,反位。

《説文解字·釆部》：“釋，解也。從釆，睪聲。”引申爲“放下”義。《集韻·昔韻》：“釋，《説文》：‘解也。從釆。釆，取其分別物也。’或作澤。”《周禮·考工記·序官》：“水有時以凝，有時以澤。”陸德明《經典釋文》：“澤音亦，亦音釋。”例句的意思是“放下弓箭”，“釋”爲本字。“澤”與“釋”爲“亦音”，可通。

a. 簡本《泰射》92-93：與其偶皆適次，擇弓挩決拾，隔，反位。

b. 傳本《大射》1041 下：與其耦皆適次，釋弓説決拾，襲，反位。

本例意義與前一例句近似。《説文解字·手部》：“擇，柬選也。從手睪聲。”“擇”與“釋”均從“睪”聲，音近可通。

a. 簡本《有司》62 背：乃摭于魚、腊、柤、柤舍三個，其餘皆取之，實于一柤以出。

b. 傳本《有司》1216 中：乃摭于魚、腊、俎、俎釋三個，其餘皆取之，實于一俎以出。

《説文解字·亼部》：“舍，市居曰舍。從亼，從口。”舍，是捨的古字。《説文解字·手部》曰：“捨，釋也。從手，舍聲。”段玉裁于“捨”下注：“釋者，解也。按：經傳多假‘舍’爲之。”二者聲母相同，韻部陰入對轉，可通。

一個本字與多個通假字對應的例子還有：申、信 >伸；勺、汋 > 酌；蘁、鄉 > 饗；齋、資 > 齊；晉、瞀 > 搢；世、肆 > 肆；陶、繇 > 抽；宿、摍 > 縮；褱、壞 > 懷；太、泰 > 大。

3.遞相通假

（1）假 > 假 > 嘏

a. 簡本《少牢》2：史曰：“若。”西面于門西，繇下犢，左執筮，右兼執犢以擊筮，遂術曰："叚女大筮有常，……"

b. 傳本《少牢饋食禮》1196 中：史曰："諾。"西面于門西，抽下犢，左執筮，右兼執犢以擊筮，遂述命曰："假爾大筮有常，……"

《説文解字•彳部》："叚，至也。從彳，叚聲。"段玉裁注：《毛詩三頌》叚字或訓大也，或訓至也。訓'至'則爲叚之假借。《尚書》古文作格，今文作假。如'叚于上下'是也，亦'叚'之假借。"又《人部》："假，非真也。從人，叚聲。《虞書》曰：'假于上下。'"段玉裁注："《又部》曰：'叚，借也。'然則經典多借'假'爲叚。"鄭玄注："假，借也。"故"叚"通"假"。

a. 簡本《少牢》32-33：祝受以東北面于戶西，以叚于主人，曰："皇尸命工祝承致多福無彊。"

b. 傳本《少牢饋食禮》1202 下：祝受以東北面于戶西，以嘏于主人，曰："尸命工祝承致多福無彊。"

《説文解字•古部》："嘏，大遠也。從古，叚聲。"段玉裁注："《爾雅》《毛傳》：假，大也。'假'蓋即'嘏'之假借。"鄭玄注："嘏，大也。予主人大福。"故"假"通"嘏"。

（2）堂＞當＞嘗

a. 簡本丙本《喪服》30：童子唯堂室緦。

b. 傳本《喪服》1124 中：童子唯當室緦，傳曰：不當室，則無緦服也。

《説文解字•土部》："堂，殿也。從土，尚聲。"又《田部》："當，田相值也。從田，尚聲。"段玉裁注："凡相持相抵皆曰當。"《廣韻·唐韻》:"當,主也。"簡本甲本《服傳》58 相應的例句爲"童子雖當室緦,童子不當室則無緦服。"乙本與甲本同。鄭玄注曰:"'當室者'爲父後承家事者,爲家主,與族人爲禮于有親者。"故例句中"堂"通"當"。

a. 簡本《士相見之禮》6:如當爲臣者,則禮辭其墊。

b. 傳本《士相見禮》976 中:若嘗爲臣者,則禮辭其摯,曰:"某也辭,不得命,不敢固辭。"

《説文解字·旨部》:"嘗,口味之也。從旨,尚聲。"段玉裁注:"引申凡經過者爲'嘗',未經過者爲'未嘗'。""嘗"的引申義爲"曾經"。"當""嘗"二字均從"尚"得聲,音近可通。

(3)樨 > 畢 > 縪 > 韠

a. 簡本《特牲》14:宗人執樨先,當作階,南面。

b. 傳本《特牲饋食禮》1183 中:宗人執畢先入,當作階,南面。

《説文解字·木部》:"樨,樨木也。從木,畢聲。"又《苹部》:"畢,田網也。"鄭玄注:"畢,狀如叉,蓋其似畢星取名焉。……舊説云'畢以禦他神物',神物惡桑叉,則少牢饋食及虞無叉何哉。"可見,"畢"與"樨"義無關,而"樨"從"畢"聲,二者可通。

a. 簡本甲本《服傳》4:冠【六升外】縪,段而勿灰,衰三升。

b. 傳本《喪服》1097 中:冠六升外畢,鍛而勿灰,衰三升。

《説文解字·系部》:"縪,止也。從系,畢聲。"鄭玄

注:"《雜記》曰冠條屬以別吉凶,三年之練冠條屬右縫,小功以下左縫外畢者,冠前後屈而出縫于武也。"疏曰:"云外畢者,前後兩畢之末而向外攝之也。"意思是"縫起來"。故"畢"通"繂"。

a. 簡本《特牲》47:特牲餽食,其服皆朝服、玄冠、緇帶、繂。

b. 傳本《特牲饋食禮》1191 下:記,特牲饋食,其服皆朝服、玄冠、緇帶、緇韠。

《説文解字·韋部》:"韠,韍也。所以蔽前者,以韋。……從韋,畢聲。"韠是指祭祀時遮蔽在衣裳前的一種服飾,並有"素韠"與"緇韠"之分。"繂"與"韠"均從"畢"聲,二者相通。

屬于此類通假關係的還有:勺、汋>酌>酬;右>有>又;刲>卦>掛;販>反>返>飯;敏>每>毋;燕>宴>晏;柄>枋>放。

4. 互相通假

無<>毋①

a. 簡本《士相見之禮》11-12:凡與大人言,始視面,中視袍,卒視面,無改,終皆如是。

b. 傳本《士相見禮》977 中:凡與大人言,始視面,中視抱,卒視面,毋改,衆皆若是。

《説文解字·亾部》:"橆,亡也。"段玉裁注:"此有無字之正體,而俗作無。無乃橆之隸變。"又《毋部》:"毋,止之詞也。從女一。"段玉裁注:"詞者,意內而言

---

① 本例"<>"表示左右兩側的字互為本字與通假字的关系。下例同。

外也。其意禁止,其言曰毋也。古通用無。"b 例句,鄭
玄注:"古文毋作無。"疏曰:"云古文毋作無,不從者,
《説文》云:'毋蓋亦禁辭,故不從有無之無也。'""無"
爲通假字,"毋"爲本字。又如:

a. 簡本甲本《喪服》10:傳曰:妾之毋子者,妾之毋
母者也,父命妾曰。

b. 傳本《喪服》:傳曰:妾之無子者,妾之無母者,
父命妾曰。

據文意,此例句本字爲"有無"之"無",而非禁辭,
故"無"爲本字,"毋"爲通假字。

(二)通假字與本字的形體關係

通假字主要是依據語音的聯繫來確定的,但文字作
爲形、音、義的結合體,字形始終是音與義的物質載體,
故聲音上的聯繫在形體上有時也會有一定的反映。通
假字的形體關係也就是通假字與本字在字形結構上的
異同。通假字與本字的形體關係,主要有以下四種形式。

1. 通假字爲本字的聲符

(1)禺 > 寓

a. 簡本甲本《喪服》31:寄公爲所禺。寄公者何也?
失地之君也。

b. 傳本《喪服》1110 中:寄公爲所寓。傳曰:寄公
者何也? 失地之君也。

《説文解字·由部》:"禺,母猴屬,頭似鬼。從由、從
内。"又《宀部》:"寓,寄也。從宀,禺聲。"段玉裁注:
"《史記》曰'木禺''龍禺'者,'寓'之假借也。"b 例

句,鄭玄注:"寓亦寄也。"因此"禺"是本字"寓"的聲符通假字。

（2）敝＞幣

a. 簡本《士相見之禮》15:凡執敝者不【趨,容彌蹙,以爲儀。】

b. 傳本《士相見禮》978 中:凡執幣者不趨,容彌蹙,以爲儀。

《説文解字·㡀部》:"敝,帗也。一曰敗衣。從㡀、從攴,㡀亦聲。"段玉裁注:"帗者,一幅也。"又《巾部》:"幣,帛也。從巾,敝聲。"引申指禮物,古有玉、馬、皮、圭、璧、帛六幣。由例句可知,"執敝者"就是帶禮物的人。"敝"是本字"幣"的聲符通假字。

（3）辟＞避

a. 簡本《特牲》49:尸人,主人及賔皆辟位,出亦如之。

b. 傳本《特牲饋食禮》1192 中:尸入,主人及賓皆避位,出亦如之。

《説文解字·辟部》:"辟,法也。從卩、辛。節制其辠也。從口,用法者也。"段玉裁注:"(辟)或借爲避。"又《辵部》:"避,回也。從辵,辟聲。"段玉裁注:"經傳多假'辟'爲'避'。"《玉篇·辵部》:"避,迴避也。" b 例句,鄭玄注:"避位,逡遁。"所以"辟"是本字"避"的聲符通假字。

此類通假字共有 70 組,占通假字總數的 25.18%。

2. 本字爲通假字的聲符

（1）駕＞加

a. 簡本丙本《喪服》27-29:大夫【公之昆弟 】,大夫之子于兄弟,降一等。【爲人後者于兄弟,降一等。報。
于所】爲後之兄弟,若子。兄弟皆在也國,駕一等;不
(及)知父母與兄弟居,駕一等。

　　b. 傳本《喪服》1121 上:大夫公之昆弟,大夫之子
于兄弟,降一等。爲人後者于兄弟,降一等。報。于所
爲後之兄弟之子,若子。兄弟皆在他邦,加一等;不及知
父母與兄弟居,加一等。

　　《説文解字·馬部》:"駕,馬在軛中也。從馬,加聲。"
又《力部》:"加,語相譄加也。從力、口。"段玉裁注:"引
申之,凡據其上曰加。"由 b 例句式看,前文"降"與"加"
形成對文,故知本字"加"是通假字"駕"的聲符字。

　　(2)惡 > 亞

　　a. 簡本《特牲》25:主婦洗爵于房,酌惡獻尸。

　　b. 傳本《特牲饋食禮》1185 中:主婦洗爵于房,酌
亞獻尸。

　　《説文解字·心部》:"惡,過也。從心,亞聲。"又《亞
部》:"亞,醜也。象人局背之形。賈侍中說,以爲次弟
也"。段玉裁注:"《易上繫》'言天下之至賾而不可惡
也。'荀爽'惡'作'亞',云:'次也。《尚書大傳》:'王
升舟入水,鼓鐘惡,觀臺惡,將舟惡。'鄭注:'惡,讀爲
亞,亞,次也。'皆與賈説合。"故知"亞"爲本字,"惡"
爲通假字。

　　(3)指 > 旨

　　a. 簡本《特性》17:尸祭之,祭酒啐酒,告指。

　　b. 傳本《特牲饋食禮》1184 上:尸祭之,祭酒啐酒,
告旨。

《説文解字·手部》："指，手指也。從手，旨聲。"又《曰部》："旨，美也。從甘，匕聲。" b 例句，鄭玄注："旨，美也。祭酒味之芬芳者，齊敬共之唯恐不美，告之美，達其心明神享之。"故知"旨"爲本字，是通假字"指"的聲符。

此類通假字共有 24 組，占通假字總數的 8.63%。

3. 通假字與本字有共同的聲符

（1）詘 > 屈

a. 簡本甲本《服傳》12：父在爲母，何以基也？詘也。至尊在，不敢信其私尊也。

b. 傳本《喪服》1104 中：父在爲母。傳曰：何以期也？屈也。至尊在，不敢伸其私尊也。

《説文解字·言部》："詘，詰詘也。從言，出聲。"又《尾部》："屈，無尾也。從尾，出聲。" b 例句，疏云："屈也者，答辭。以家無二尊，故于母屈而爲期。是以云至尊在，不敢伸其私尊也。解'父在母屈'之意也。""詘"是"屈"聲符相同的通假字。

（2）堂 > 當

a. 簡本丙本《喪服》30：（童）子唯堂室緦。

b. 傳本《喪服》1124 中：童子唯當室緦，傳曰：不當室，則無緦服也。

《説文解字·土部》："堂，殿也。從土，尚聲。"又《田部》："當，田相值也。從田，尚聲。"段玉裁注："凡相持相抵皆曰當。"《廣韻·唐韻》："當，主也。" b 例句，鄭玄注："'當室者'爲父後承家事者，爲家主，與族人爲禮于有親者。"且甲本《服傳》58 有"童子雖當室緦，童子不當室則無緦服。”乙本與甲本同。由此可知,“堂”是“當”聲符相同的通假字。

（3）況 > 貺

a. 簡本《燕禮》47：君況寫君,易辱賜于使臣,臣敢拜賜命。

b. 傳本《燕禮》1024 中：君貺寡君多矣,又辱賜于使臣,臣敢拜賜命。

《説文解字・水部》：“況,寒水也。從水,兄聲。”又《説文解字・貝部》新附：“貺,賜也。從貝,兄聲。”《爾雅・釋詁》：“貺,賜也。” b 例句,鄭玄注：“貺,賜也。”清朱駿聲《説文通訓定聲・壯部》：“況,叚借爲貺。”如《國語・魯語下》：“君以諸侯之故,況使臣以大禮。”韋昭注：“況,賜也。’因此,“況”是“貺”聲符相同的通假字。

此類通假字共有 79 組,占通假字總數的 28.42%。

4. 通假字與本字無諧聲關係

此類包括部分形體相同的通假字與無任何形體聯繫的通假字。

（1）部分形體相同的通假字

① 餽 > 饋。

a. 簡本《特牲》1 背：特牲餽食之禮,不詛日。

b. 傳本《特牲饋食禮》1178 下：特牲饋食之禮,不諏日。

《説文解字・食部》：“餽,吳人謂祭曰餽。從食、鬼,鬼亦聲。”又“饋,餉也。從食,貴聲。”段玉裁注：“今字以餽爲饋,此乃假借,其義本不相通也。”“餽”與“饋”爲形符相同、聲符相異的一對通假字。

②右〉有。

a. 簡本《燕禮》24：如右諸公，則先卿就之，如就卿之禮。

b. 傳本《燕禮》1020 上：若有諸公，則先卿獻之，如獻卿之禮

《説文解字·又部》："右，手口相助也。從又，從口。"又《有部》："有，不宜有也。從月又聲。"《正字通·月部》："有，對無之稱。"例句中，指與"無"相對之"有"義。所以"有"爲本字。"右"是會意字，"有"是形聲字。

（2）無任何形體聯繫的通假字

升〉胹。

a. 簡本《特牲》38：宗人告祭，升，乃羞。

b. 傳本《特牲饋食禮》1189 下 -1190 上：宗人告祭，胹，乃羞。

《説文解字·斗部》："升，十合也。從斗象形。"又《肉部》："胹，駭也。從肉，丞聲。"段玉裁注："按：《禮》經戴記以此字爲薦胹字，蓋假胹爲烝也。"b 例句，鄭玄注："胹，俎也。"《集韻·蒸韻》"胹，以牲實鼎。"胡培翬《禮記正義》："以牲體實于俎謂之胹，因謂俎爲胹耳。""胹"爲本字，"升"與"胹"二者在形體上無任何聯繫。

此類字共有 105 組，占通假字總數的 37.77%。

（三）幾類特殊的通假字

1. 簡本是以本字的古字爲聲符的通假字，傳本是本字的古字

这類情況不多，但值得被提及，我們且以下例進行

説明。

每(簡)－母(傳)＞毋。

a. 簡本《泰射》59：順羽且左還，每周，反面捐。

b. 傳本《大射》1041 下：興，順羽且左還，母周，反面揖。

《説文解字·山部》："峗，艸盛上出也。從山，母聲。"徐灝《注箋》："峗，隸變作'每'。"又《女部》："母，牧也。從女，象裹子形。""毋"實際上是母的分化字。于省吾先生《易經新證》卷二："李過《西谿易説》引《歸藏》'無妄'作'母妄'。金文母、毋同字……陳侯午敦'永葉母忘'，'母忘'即'毋忘'，然則'無妄'即'無忘'。""金文毋字均作母，此猶存古字。"《説文》收"毋"字，小篆字形將"母"字的兩點連成一線，意指"止之詞也。"b 例句，鄭玄注："母周，右還而反，東面也。""母周"意思是"不要轉一整圈"。故"每""母"皆通"毋"。

2. 訛俗通假

出土文獻中，相近的偏旁經常混用，比如"竹"與"艸"不分的情況，因此在通假字方面就產生了一類特殊通假字，也就是訛俗通假。

有些字《説文》未收，並不能證明此字沒有出現。而我們之所以將以下例字定爲訛俗字，是因爲在武威漢簡《儀禮》中，所有從"竹"之字皆作"艸"頭。因此我們認爲，以"艸"頭代替"竹"頭，對簡文的書寫者來説已成習慣或規律，僅出于書寫的習慣卻無意識地形成此類通假。例如：

（1）苻＞扑

a. 簡本《泰射》46：述取苻（符），菩之。以扡于所執中之南，東面。

b. 傳本《大射》1035 上：遂取扑，搢之。以立于所設中之西南，東面。

"苻"，《説文》不見，見於《爾雅·釋草》，爲鬼木草名。據簡文書寫習慣，此處其正字當爲"符"。《説文解字·竹部》："符，信也。漢制以竹，長六寸，分而相合。從竹，付聲。"段玉裁《説文解字注·支部》："支，經典隸變作扑，凡《尚書》、三《禮》鞭扑字皆作扑。"《集韻·屋韻》："支，《説文》'小擊也。'或作扑。"又"扑，打也。" b 例句，鄭玄注："扑，所以撻犯教者也，于是言立著其位也。""扑"在射禮中用於懲處違禮者，如《尚書·舜典》："鞭作官刑，扑作教刑。"扑象征著匡正禮儀。因此，"苻（符）"通"扑"。

（2）芉（簡）—干（傳）＞豻

a. 簡本《泰射》1-2：司馬命量人量侯道，與所【設乏，以貍步。大侯九】十，參七十，芉（竿）五十，執乏各去其侯西十北十。

b. 傳本《大射》1028 上：司馬命量人量侯道，與所設乏，以貍步。大侯九十，參七十，干五十，設乏各去其侯西十北十。

"芉"，《説文》不見，其正字當爲"竿"。《説文解字·竹部》："竿，竹挺也。從竹，干聲。"又《干部》："干，犯也。從反入，從一。""干"可通"豻"。《集韻·翰韻》："豻，《説文》：'胡地野狗。'……亦省。"豻，《説文解字·豸部》："胡地野狗。從豸，幵聲。" b 例句，鄭玄注：
"干，讀爲豻。豻侯者，豻鵠豻飾也。" 故 "芊（竿）" 與
"干" 皆通 "豻"。

三、通假原因探析

很多文字學、訓詁學的書籍都探討過通假產生的
原因，並且觀點不一。譬如主張 "假借" 與 "通假" 不必
區分的學者一般認爲 "古代字少" 是假借產生的原因之
一，而主張 "本無其字的假借" 與 "本有其字的通假" 之
分的學者則認爲 "古代字少" 只是 "假借" 產生的原因
而非 "通假" 出現的條件。研究者的觀點見仁見智，但
具體到簡帛文獻的通假用字現象，由于通假情況比較複
雜，通假產生的原因還有一些具體的情況。總體來説，
存在内因和外因兩個方面。

文獻典籍中通假字的出現與文字本身的特質有著
必然的關係。有學者認爲："這種通假現象，在拼音文字
中是不存在的。……漢字將失去表意的特點，成爲標音
文字，而通假字也就不必研究了。"[1] 從字形與字音的關
係上看，漢字基本屬于表意體系的文字，在表音的功能
上有一定的局限性。隨著漢語新詞、新義的增加，需要
更多的字來承載這些新詞、新義，在字數不夠時，就會
出現借字的現象，這就是 "本無其字" 的假借。假借現
象充分發揮了漢字表音的功能，同時符合語言文字發展

---

① 周藝、吳紹烈《通假字試論》，《上海師範學院學報》（社會科
學版），1980 年第 4 期。

的"經濟律"原則,可以用更少的形式,承載更多的內容,漢字的發展也就呈現了表音化的趨勢,因此大量的通假字的出現符合漢字發展的規律。通假字祇具有標音的功能,但不能從字面上看出其意義,祇有在特定的語用中,才能確定其語義,這成爲它不能克服的局限。因此通假字只是漢字作爲表意文字的輔助,而未能促使漢字發展成爲表音文字,這是由漢語、漢字發展規律決定的。

上面所説的内因是漢字在一定階段出現較多通假字的根本原因,而外在的原因不僅複雜而且對通假字的產生也起到了重要的作用。

第一,當時的古人用字尚音,習慣于以音表義。清王筠《説文釋例》卷三中:"郝敬曰:'後人用字尚義,古人用字尚音。'至哉言也!"錢大昕在《六書音均表》序言中也説"古人以音載義"。書寫者抄錄長篇巨帙,難免有"倉卒無其字"的狀況,祇好臨時借用一個音同或音近的字來代替,或者明知有本字,但本字形體繁複不便書寫,于是就用一個同音且筆劃簡約的字代替,這就造成了文獻典籍中通假字的泛濫。尤其是《武威漢簡》作爲出土文獻,更鮮明地展現了當時用字的實際狀況。

第二,古人講究師承。出土的簡牘、帛書文獻,都是手抄典籍。書手們出于師承關係,抄錄時一般會儘量保持典籍原貌,不敢妄加改動,原本用通假字之處,抄本繼續沿用。如此,雖經輾轉傳抄,用字仍悉照原樣。開始僅爲一人、一時的借用,後來反成了慣用之字。師承關係的不同,又帶來了後世用字的區別。經整理小組勘定,武威漢簡《儀禮》的原本依據的應該是慶氏禮。慶氏禮是漢昭帝時興盛一時的后倉之禮的直接傳承者,簡中通假字的狀況很大程度地反映了昭宣之世的實際用字情況。

第三,方言的差異。各地方言的差異反映在用字上,也會形成通假字。揚雄《方言》:"一,蜀也。南楚謂之獨。"郭璞注云:"蜀,猶獨耳。"簡本《少牢》28:"尸告飽,祝西面于主人南,蜀侑不拜。"傳本《少牢饋食禮》:"尸告飽,祝西面于主人之南,獨侑不拜。"句意是,祝在"尸告飽"時,出于禮節,又獨自勸尸進食,不行拜禮。在《銀雀山漢墓竹簡》(以下簡稱《銀簡》)第861簡中就有"蜀"通"獨"例。由此看來,方言音造成的通假字也會因慣用而被推廣、約定俗成下來。

第四,避繁就簡的心理與竹木簡形制的限制。通假字中有相當一部分用聲符字代替形聲字,或以筆劃簡約的字代替筆劃繁複的字,其主要原因即是就簡。就簡現象是人類使用文字的重要特點,書寫者有時知道有本字,但本字字形過于繁複難寫,爲求省時省力而借筆劃較少的同音或音近字代替。竹木簡一般呈細條狀,有時爲使書寫行款美觀、和諧,書寫者也會將字形過于複雜的字換用爲音同或音近的字。因此,書寫者主觀上的原因也會在一定種程度上促成通假字的産生。

以上所述是通假字産生的共性因素,而通過對《武威漢簡》通假字的整理,我們還發現通假字産生的一些特殊原因。

第一,訛俗字造成通假,也就是訛誤字、俗字與本字形成通假關係。武威漢簡《儀禮》訛俗字有兩種基本類型：一是有規律性出現的俗字。如"竹"頭字常寫作"艸"頭，很可能是"艸"頭比"竹"頭易寫，更符合竹木簡的形制特點。這便使得許多字的形符改變而聲符未變，"同聲必同部"[①]，俗字與原字形成通假關係。二是無規律出現的訛誤字。這類字祇是出于偶然的筆誤，訛誤字與原字形記錄同一語詞，從而形成通假。訛誤字與原字不僅形近，又記錄同一語詞，因而形成通假。這類無規律的訛誤字與原字形成的通假關係通常不穩定，祇在個別文獻或典籍中偶然出現，而未必得到傳承。

第二，漢字書寫類化造成通假。所謂類化，就是由于受到上下文中同一形旁或聲旁的字的影響而給本字改換偏旁，或者給原已有形旁的字又加類化的形旁，或者給非形聲字添加了形旁。這些字也可以認爲是俗字，其產生的主要原因是書寫者的主觀思想，也可能是書寫者希望上下文的文字能夠協調一致，形制美觀，例如：

脊＞膌

a. 簡本《有司》10：載右體，肩、辟、肺、胳、臑、正膌一、脡膌一、衡膌一、短脇一、正脇一、伐脇一、腸一、胃一、祭肺一。

b. 傳本《有司》1207下：載右體，肩、臂、肫、骼、臑、正脊一、脡脊一、橫脊一、短脅一、正脅一、代脅一、腸一、胃一、祭肺一。

---

① 清人段玉裁在《六書音韻表》中提出的同一個聲符的諧聲字在上古同屬於一個韻部的說法。

a 例句中，膌通脊，本字爲“脊”。膌，《説文解字•肉部》：“瘦肉也。從肉，脊聲。”“脊”字本身雖已有一個形符“月（肉）”，但其上文有“膿”“肫”“胳”“臑”，下文有“脇”“腸”“肺”，故簡文受其類化加一“月（肉）”成“膌”字。“膿”與“體”一般認爲是異體字，但“膿”又是“胮”和“膹”的俗字，意爲“腫脹”。因此也可以把“膿”看作是受下文影響產生的類化通假字。

四、武威漢簡《儀禮》通假字的音韻特點

通假的本質是借音表義，用于通假的字，讀音必定相同或相近。通過對武威漢簡《儀禮》通假字的古音進行全面考察，可以反映當時漢字聲類、韻部以及聲調的特點。本文確定古音的標准主要依據王力先生的《漢語史稿》（修訂本）[1] 對古音系統和擬音的意見，同時參考郭錫良先生的調整與補充，擬音依據則是郭錫良的《漢字古音手冊》[2] 與唐作藩的《上古音手冊》[3]。兩書中未收錄的字據其聲符來確定其聲類和韻部。經統計，武威漢簡《儀禮》中聲、韻全同的通假字有 152 組，在全部通假字中占 54.4%，這與通假必須遵循的基本原則——音同或音近相契合。

---

① 王力《漢語史稿》（修訂本），中華書局，1996 年。
② 郭錫良《漢字古音手冊》，北京大學出版社，1986 年。
③ 唐作藩《上古音手冊》，中華書局，2013 年。

（一）聲類

學者們對上古音聲類已經研究很多，著述頗豐，依據的材料主要是諧聲偏旁，並以異文、假借、聲訓等材料作爲補充。本文此處的研究方法主要是異文對比，整理出與聲類相關的通假字共有 278 組，每組上列簡本例句，下列傳世本例句。

1. 古無輕唇音

清錢大昕《十駕齋養新錄》"古無輕唇音"條："凡輕唇之音，古皆爲重唇。"就是説中古時的"非敷奉微"等輕唇音，上古讀爲"幫滂並明"等重唇音。換言之，凡是現代漢語普通話中聲母爲 [f] 的字，上古音一律讀成 [p][p'][b]；一部分零聲母的字，上古聲母是 [m]。

（1）肥＞配

a. 簡本《少牢》1-2：主人曰："孝孫東，來丁亥，用薦歲事于皇祖伯某，以其肥肥某是。尚饗。"

b. 傳本《少牢饋食禮》1196 中：主人曰："孝孫某，來日丁亥，用薦歲事于皇祖伯某，以其妃配某氏。尚饗。"

《説文解字·肉部》："肥，多肉也。"傳世本作"配"。可見，上古"肥"讀作"配"。肥、配可通。又"肥"亦"胈"字。《類篇·肉部》："胈，薄也。《列子》：'口所偏胈。'"今本《列子·黄帝篇》均作"肥"。張堪注曰："肥，薄也。"《龍龕手鑒·肉部》："肥，肌肥肉多也。"由例句也可見肥（胈）亦與"妃"通。《説文解字·女部》："妃，匹也。從女己。"段玉裁注："引申爲凡相耦之耦。《左傳》曰：'嘉耦曰妃。'其字亦段'配'爲之。"又《酉部》："配，酒色也。從酉，己聲。"段玉裁注："後人借爲妃字，

而本義廢也。""肥"的上古音並母微部,"配"的上古音
滂母物部,"妃"的上古音滂母微部,微部和物部語音對
轉,故可通。

（2）柄 > 枋

a. 簡本《特牲》33:尊兩壺于作階東,加勺南柄,西
方亦如之。

b. 傳本《特牲饋食禮》1186 中:尊兩壺于作階東,
加勺南枋,西方亦如之。

簡文中"南柄"在傳世本中作"南枋"。"枋"是
"柄"的通假字。《説文解字·木部》:"柄,柯也。從木,
丙聲。"段玉裁注:"柄之本義專謂斧柯。引伸爲凡柄之
稱。《周禮》《禮經》作枋。"又《説文》:"枋,枋木。可
作車。從木,方聲。"段玉裁注:"《禮》《周官》皆以枋
爲柄。"清朱駿聲《説文通訓定聲·壯部》:"枋,叚借爲
柄。"《儀禮·士冠禮》有"賓受醴于戶東,加柶面枋,筵
前北面。"鄭玄注:"今文枋爲柄。""柄"的上古音幫母
陽部,"枋"的上古音幫母陽部,"柄"通"枋"例,可證
上古輕唇音讀作重唇音。

（3）脯 > 肺

a. 簡本《有司》43-44:賓坐,左執爵,取脯,挩于醢,
祭之。左之爵興,取肺,坐祭之。

b. 傳本《有司》1213 下:賓坐,左執爵,右取肺,挩
于醢,祭之。執爵興,取肺,坐祭之。

"脯""肺"在祭禮上都可作祭品使用,究竟哪個是
本字?《校記》云:"阮元《校勘記》:肺,《集釋》,楊、敖
俱作脯。'鄭注云:'祭脯肺'。《疏》曰:'云祭脯肺者,

按經云取脯肺祭之,明祭是脯肺。'可知作'脯'者是。"
因此"脯"當是本字。"脯"的上古音郭、唐二書均未收
錄,但與其同聲符的"浦"字,郭、唐二位先生均擬滂母
魚部,"圃"字均擬幫母魚部;"肺"上古音為滂母月部,
魚部月部對轉,故"脯"通"肺"例,亦證前説。

輕唇音借作重唇音的例證,簡文中還有一些。如
"苻(符)"(並母侯部)借作"扑"(滂母屋部),"奉"(並
母東部)借作"捧"(滂母東部),"弗"(幫母物部)借作
"不"(幫母之部)。中古時期的輕唇音字在上古時與重
唇音字是相互通用的。可見,"古無輕唇音"這一發現,
對理解通假字有十分重要的意義。

2. 古無舌上音

古無舌上音也是錢大昕的發現,其《十駕齋養新
錄》"古音類隔之説不可信"條:"古無舌頭、舌上之分,
知、徹、澄三母,以今音讀之,與照、穿、床無別也。求之
古音,則與端、透、定無異。"端組字在現代漢語普通話
讀 [t] 組,知組字在現代漢語普通話裏讀 [tʂ] 組。所以,
現代普通話中讀 [tʂ] 組舌尖後音聲母的字,在上古音
裏,應讀成 [t] 組音。簡文中許多通假字可證明這一點,
例如:

(1)鄭 > 奠

a. 簡本《士相見之禮》6-7:賓入,鄭摯,再拜。主
人合壹拜。

b. 傳本《士相見禮》976 中:賓入,奠摯,再拜。主
人荅壹拜。

簡文作"鄭",傳世文獻作"奠"。《説文解字·丌

部》："奠，置祭也。"段玉裁注："引伸爲凡置之稱。"又
《邑部》："鄭，京兆縣。周屬王子友所封。從邑奠聲。"
"奠"的上古音定母文部，"鄭"的上古音定母耕部，故
可通。由句意知，"奠"爲本字，"鄭"爲通假字，證明今
[tʂ]組音在上古讀[t]組音。"鄭"中古時是澄母字，簡
文中還有"鄭"讀"定"者，進一步説明"知徹澄"是從
上古的"端透定"中分立出來的。

（2）蜀 > 獨

a. 簡本《少牢》28：尸告飽，祝西面于主人南，蜀侑
不拜。

b. 傳本《少牢饋食禮》1202 上：尸告飽，祝西面于
主人之南，獨侑不拜。

《説文解字·蟲部》："蜀，葵中蠶也。從蟲。"又《犬
部》："獨，犬相得鬥也。從犬，蜀聲。羊爲群，犬爲獨也。"
《字彙·犬部》："獨，單也。"由例句看，"祝"在"尸告飽"
時，出于禮節，又獨自勸"尸"再進食，不行拜禮。"獨"
乃本字。"獨"音[tu]，"蜀"音[ʂu]。[ʂ]上古音可讀
爲[t]。"端透定"古讀[t][tʰ][d]，"知徹澄"讀如"端
透定"，李方桂先生擬爲帶 -r[卷] 舌性的介音[tr][tʰr]
[dr]。[tr][tʰr][dr]後來變爲[卷]舌音[t][tʰ][d]①。

這一類的例子還有不少，如"直"（定母職部）讀爲
"特"（定母職部），"湛"（定母侵部）讀爲"醓"（透母侵
部）等。按照這一規律，許多通假字都可以找到語音上
的根據。

---

① 李方桂《上古音研究》，商務印書館，1980 年，第 15 頁。

3. 娘、日二紐歸泥紐

章炳麟曾作《古音娘日二紐歸泥説》，認爲中古時的"娘、日"二母字上古讀成"泥"母。事實是，"娘""泥"在上古是同一聲母，"日"母跟"泥"母祇是近似而已。張世禄認爲現代的"r-"聲母及"er"韻母的字，在上古音裏原來讀成"n-"聲母的音。武威漢簡《儀禮》中有例，如：

（1）若＞諾

a. 簡本《特牲》2：筮者許若，還即席西面坐。

b. 傳本《特牲饋食禮》1179 中：筮者許諾，還即席西面坐。

《説文解字·艸部》："若，擇菜也。從艸、右。"商承祚《殷虚文字類編》："案：卜辭諸'若'字象人舉手而跽足，乃象諾時異順之狀，古'諾'與'若'爲一字，故若字訓爲順。"可以説明，"諾"與"若"上古讀音相同。又《言部》："諾，應也。從言，若聲。"劉心源《奇觚室吉金文述》："若即諾之古文，既從口又從言，于義爲贅，知諾爲後出字也。""若"上古音日母鐸部，"諾"上古音泥母鐸部，聲近韻同，故可通。

（2）念＞餁

a. 簡本《特牲》9：宗人舉獸尾告備，舉鼎密告絜。請期曰："羹念。"

b. 傳本《特牲饋食禮》1180 下：宗人舉獸尾告備，舉鼎鼏告絜。請期曰："羹餁。"

"念"爲通假字，"餁"爲本字。"念"從心，本義爲"常思也"。"餁"，從食，壬聲，本義爲"大孰（熟）也"。b

例句,鄭玄注:"飪,孰也。"二字意義無涉。從讀音上考察,"念"上古音泥母侵部,"飪"上古音日母侵部,二字聲近韻同,故可通。

(3)女＞汝

a. 簡本甲本《喪服》10:父命妾曰:"女以爲子。"命子曰:"女以爲母。"

b. 傳本《喪服》1103 下:父命妾曰:"女以爲子。"命子曰:"女以爲母。"

這是一個簡文與傳世文獻皆用通假字的例子。由句意可知,"女"應爲"汝",第二人稱代詞。"女"上古音泥母魚部,"汝"上古音日母魚部,"女"音與"汝"音近似。

此類例證武威漢簡《儀禮》中不多,但從某些形聲字中可發現其變化跡象。如以"乃"爲聲符的字,現代漢語普通話有"奶、艿、疓、鼐"等讀音为 [nai];又有"仍、扔、礽、礽"等,讀音为 [rəŋ]。

4. 邪紐古歸定紐

近人錢玄同曾作《古音無"邪"紐證》[①] 一文,認爲"邪紐古歸定紐",因爲在諧聲上邪母與喻母、定母的關係十分密切。有關情形在簡文中發現一例。

寺＞待

a. 簡本《燕禮》25：一人寺于洗南,長致。

b. 傳本《燕禮》1020 中：一人待于洗南,長致。

---

① 錢玄同《古音無"邪"紐證》,《師大國學叢刊》,1932 年 1 卷 3 期。

　　此例中，本字爲"待"，即等候。《説文解字•寸部》："寺，廷也，有法度者也。"又《彳部》："待，竢也。從彳，寺聲。""待"以"寺"爲聲符，"同聲必同部"，故二者可通。"寺"爲邪紐字，"待"爲定紐字，"寺"讀爲"待"。東周金文中有"寺"（邪母之部）與"持"（定母之部）相通例。[①]《睡虎地秦墓竹簡》（以下簡稱《睡簡》）中不僅有"寺""待"通用例（《日甲》66 背 1），還有"隋"（邪母歌部）與"墮"（定母歌部）（《日甲》44 背 1），"徐"（邪母魚部）與"除"（定母魚部）（《日甲》102 正 2）等邪紐與定紐相通的例子。[②]《銀簡》中除有"寺""待"通假例外，邀有"隋"（邪母歌部）與"惰"（定母歌部），"遁"（定母文部）與"循"（邪母文部），"徐"（邪母魚部）與"途"（定母魚部）等多例邪紐與定紐相通的例子[③]，均可證明"邪紐古歸定紐"説的可信性。

　　5. 照系二等字

　　有人認爲上古照莊系和精系應屬同一組，這在許多材料如諧聲字、經籍異文、現代方言中已得到證明。照系二等是"莊初崇山"，上古歸"精清從心"。秦漢期間，這兩組字一直接觸頻繁，説明照系二等字至少在漢代還沒有徹底從精組字中分出，這從《睡簡》通假字中

① 全廣鎮《兩周金文通假字研究》，臺灣學生書局，1989 年，第 72-73 頁。
② 趙立偉《〈睡虎地秦墓竹簡〉通假字、俗字研究》，西南師範大學，2002 年碩士學位論文。
③ 余濤《〈銀雀山漢墓竹簡（壹）〉特殊用字研究》，西南師範大學，2000 年碩士學位論文。

二者關係比較密切到東漢《武威漢簡》仍親密接觸的事
實中可以得到證明。例如：

（1）詛 > 諏

a. 簡本《特牲》1：特牲餽食之禮，不詛日。

b. 傳本《特牲饋食禮》1178 下：特牲饋食之禮，不
諏日。

詛，莊母；諏，精母。

（2）則 > 側

a. 簡本《特牲》10：冠舉，主人服如初，立于門外，
東方南面視則殺。

b. 傳本《特牲饋食禮》1178 下：夙興，主人服如初，
立于六外，東方南面視側殺。

則，精母；側，莊母。

（3）詐 > 酢

a. 簡本《特牲》30：尸卒鮒，詐獻祝及佐食。

b. 傳本《特牲饋食禮》1186 上：尸卒爵，酢獻祝及
佐食。

詐，莊母；酢，從母。

（4）宿 > 縮

a. 簡本《有司》4：二俎設于羊鼎西，西宿。

b. 傳本《有司》1207 上：二俎設于羊鼎西，西縮。

宿，心母；縮，山母。

他例如：

簡本《燕禮》31："雔蕉"，傳本作"鵲巢"。蕉，精母；
巢，崇母。

簡本《有司》61-62："尸毄振祭嚌之"，傳本作"尸

受振祭嚌之”。齎,莊母;嚌,從母。

6.曉匣紐與見溪群紐

簡本《儀禮》的通假字中,匣母字與見組字相通的有一些例子。如:

（1）浣＞盥

a.簡本《特牲》11:尸浣匜水,實于股中。

b.傳本《特牲饋食禮》1192上:尸盥匜水,實于槃中。

浣,匣母;盥,見母。

（2）穀＞觳

a.簡本《特牲》52:主婦相,穀折爵餘如作俎。

b.傳本《特牲饋食禮》1193上:主婦俎,觳折其餘如阼俎。

穀,見母:觳,匣母。

（3）俠＞夾

a.簡本《燕禮》52:如飲君燕,則俠爵。

b.傳本《燕禮》1025中:若飲君燕,則夾爵。

俠,匣母;夾,見母。

（4）亘＞苣

a.簡本《特牲》48:葵各亘。

b.傳本《特牲饋食禮》1192上:葵冬苣。

亘,見母;苣,匣母。

簡本《儀禮》中未見曉母字與見組相通例。

李新魁先生曾指出上古“曉匣”母字歸屬“見溪群”母,並運用了聲訓、文字通假和經籍異文等材料進行了論證。他説:“在魏晉以前,後代屬曉匣紐的字並不念爲 [x][ɣ] 或 [h][ɦ] 的音,而是念成 [k][kʰ][g] 的音，與見溪群沒有區別。曉系字念爲 [x] 和 [ɤ]，是魏晉以後的變化。"[1] 這種説法基本上是正確的，從出土簡帛材料中可察見軌跡，《睡簡》就發現許多"曉匣"母字與"見溪群"組字相通的例證。現就可統計者列舉如下：

《爲吏之道》38.2：鬼（見／微）：懷（匣／微）

《秦律十八種》111：紅（匣／東）：功（見／東）

《法律答問》125：戒（見／職）：械（匣／職）

《效》11：欽（溪／侵）：咸（匣／侵）

《法律答問》1：可（溪／歌）：何（匣／歌）

《封診式》66：謂（匣／物）：喟（溪／物）

《爲吏之道》5.2：過（見／歌）：禍（匣／歌）

《日甲》30 背 1：睘（群／耕）：環（匣／耕）

《日甲》27 正 2：減（匣／侵）：咸（見／侵）：

《日乙》94.1：見（見／元）：覵（匣／錫）

以上爲匣母與見溪群相通的例子，曉母與見溪相通的例子也很多，如：

《語》12：險（曉／談）：檢（見／談）

《日甲》158：糗（溪／幽）：嗅（曉／幽）

《秦》23：氣（溪／物）：餼（曉／物）

《秦》12：享（曉／陽）：椁（見／鐸）

《銀雀山漢墓竹簡（壹）》中，匣母與見母通假的例子有（數字爲簡號）：

毄（見／錫）：擊（匣／錫）（3 次：518、520、737）

學（匣／覺）：覺（見／覺）（1 次：542）

---

① 李新魁《上古音"曉匣"歸"見溪群"説》，《學術研究》，1963 年第 2 期，第 92 頁。

曉母與溪母相通者亦見一例：

脅（曉／葉）：怯（溪／葉）（2次：50、50）

從《睡虎地秦簡》到《武威漢簡》，均有匣曉紐與見溪群相通的文例，這說明至少到東漢初年二者還沒有明顯分化，但從文例總體來看呈減少的趨勢，或可說明曉匣母與見溪群母的親密關係呈逐漸減弱的狀態。至于二者的分化是否始于魏晉，祇據傳世材料很難確定，但又缺乏此前的出土材料的印證，尚需進一步研究。

7. 照系三等字

照系三等字即章、昌、船、書、禪，這組字在上古與端、透、定關係密切。李新魁先生曾説："知三組與章組的關係也極爲密切，它們在中古韻書中，出現的條件完全相同，而在諧聲系統及經籍異文等方面，也表現了它們在上古音中合二爲一的特點。"[1] 武威漢簡《儀禮》中有多例，如：

（1）墊 > 摯

a. 簡本《士相見之禮》1：墊，冬用雉，夏用居。

b. 傳本《士相見禮》975 中：摯，冬用雉，夏用腒。

墊，定母；摯，章母。

（2）統 > 充

a. 簡本《特牲》9：宗人視牲告統。

b. 傳本《特牲饋食禮》1180 中：宗人視牲告充。

統，透母；充，昌母。

（3）飭 > 飾

a. 簡本《士相見之禮》8：下大夫相見以鴈，飭之以布。

---

① 李新魁《漢語音韻學》，北京出版社，1986 年，第 383 頁。

b. 傳本《士相見禮》976 下：下大夫相見以鴈，飾之以布。

飭，透母；飾，書母。

（4）澤 > 釋

a. 簡本《泰射》60：澤弓矢于次，抉決枱。

b. 傳本《大射》1036 下：釋弓矢于次，脫決拾。

澤，定母；釋，書母。

（5）當 > 嘗

a. 簡本《士相見之禮》6：如當爲臣者，則禮辭其墊。

b. 傳本《士相見禮》976 中：若嘗爲臣者，則禮辭其摯。

當，禪母；嘗，端母。

他例如：

擇（定母）> 釋（書母）（《泰射》51）；適（書母）> 嫡（端母）（《甲服》17）；挩（透母）> 説（書母）（《甲服》4）。

照三組字內部接觸較爲頻繁，例如：

（6）州 > 酬

a. 簡本《特性》33：西階前北面州賓。

b. 傳本《特牲饋食禮》1186 中：西階前北面酬賓。

州，章母；酬，禪母。

（7）升 > 脀

a. 簡本《特牲》38：宗人告祭升

b. 傳本《特牲饋食禮》1189 下：宗人告祭脀。

升，書母；脀，章母。

（8）肫 > 純

a. 簡本《少牢》18：腊一肫。

b. 傳本《少牢饋食禮》1199 上：腊一純。

肫，章母；純，禪母。

（9）酌＞勺

a. 簡本《燕禮》50：如舞則酌。

b. 傳本《燕禮》1025 上：若舞則勺。

酌，章母；勺，禪母。

他例如：

諸（章母）＞庶（書母）（《泰射》14）；酌（章母）＞
酬（禪母）（《有司》56）。由此可見，簡本中章母與禪母
的關係表現密切。

8. 余母

在簡本中，余母字的表現也比較活躍。例如：

與端組的關係：

（1）移＞袳

a. 簡本《少牢》19：主婦被錫衣袳袂，薦自東房。

b. 傳本《少牢饋食禮》1200 下：主婦被錫衣移袂，
薦自東房。

移，余母；袳，端母。

阮元校勘記云："移字當作袳。衣張也。袳乃正字。"

（2）也＞他

a. 簡本《士相見之禮》16：也國之人則曰外臣。

b. 傳本《士相見禮》978 中：他國之人則曰外臣。

也，余母；他，透母。

與心母的關係：

（3）雖＞唯

a. 簡本甲本《服傳》58：童子雖當室緦。

b. 傳本《喪服》1124 中：童子唯當室緦。

雖，心母；唯，余母。

與見母的關係：

（4）翠＞羔

a. 簡本《士相見之禮》8-9：上大大相見以翠，【飾之以】布，四維之。

b. 傳本《士相見禮》976 下：上大夫相見以羔，飾之以布，四維之。

翠，余母；羔，見母。

（5）監＞鹽

a. 簡本《特牲》24：祝左執角，取肝擩于監。

b. 傳本《特牲饋食禮》1185 上：祝左執角，右取肝擩于鹽。

監，見母；鹽，余母。

與邪母的關係：

（6）容＞頌

a. 簡本《泰射》3：（西）階之西，容磬東面，其南【鐘，其南鏄，皆南】陳。

b. 傳本《大射》：西階之西，頌磬東面，其南鐘，其南鏄，皆南陳。

容，余母；頌，邪母。

在諧聲系統中，余母字可分別跟舌音、齒音和牙音相諧，而在古書異文中，余母字也可跟牙音、齒音、舌音發生關係。在《睡簡》中，余母跟其他聲母字相通的文例共有 14 組，跟書母接觸最頻繁，共 4 例；跟端組的透、定兩母接觸，透母 1 例，定母 2 例；跟精組的精、心兩母接觸，精母 1 例，心母 1 例；跟匣母接觸者 2 例；跟邪母接觸者 2 例；跟來母接觸者 1 例。在《銀簡》中，共出現 10 例余母的通假：跟精組的心母接觸者 2 例，跟見母接觸者 2 例，跟端組的定母接觸者 2 例，跟書母接觸者 2 例，跟邪母接觸者 2 例。在《武簡》中，共出現 8 例余母的通假：跟端組的端、透接觸，端母 1 例，透母 3 例；跟見母接觸者 2 例，跟心母接觸者 1 例，跟邪母接觸者 1 例。由此可見，在《睡簡》時期，余母跟匣母有接觸，而至《銀簡》《武簡》時，則衹看到跟見母相通，這說明匣母上古歸見母；跟精組的書母在《睡簡》時頻繁接觸，到《武簡》時衹跟心母始終保持關係，可能說明《武簡》時舌頭音與齒頭音的區別開始出現；仍跟端組保持著接觸；跟邪母關係親密，表明"邪母古歸定母"的觀點是非常可信的。另外，在《睡簡》中余母跟來母發生接觸僅見 1 例，而《銀簡》《武簡》中都未出現，有可能是方言音的問題。

9. 唇音與牙音、舌頭音

簡文通假字中的唇音字除跟唇音字相互通用外，還跟牙音、舌頭音互通，共見四例。

跟牙音相通者三例。

（1）黑＞墨

a. 簡本《泰》42：疏數容弓，若月若黑，度尺而午，射正泣之。

b. 傳本《大射》1034 下：疏數容弓，若丹若墨，度尺而午，射正蒞之。

黑，曉母；墨，明母。

（2）閔＞閽

a. 簡本《燕禮》45：（旬人執）大燭于庭，閔人爲燭于門外。

b. 傳本《燕禮》1024 下：甸人執大燭于庭,閽人爲大燭于門外。

閔,明母;閽,曉母。

以上是明母與曉母通用例。還有見母跟並母通用者一例。

（3）歸＞婦

a. 簡本《有司》79：衆賓出,主人送于廟門外,乃反。歸人乃徹,徹牢中之送。

b. 傳本《有司》1218 中：衆賓出,主人拜送于廟門外,乃反。婦人乃徹,徹室中之饌。

歸,見母;婦,並母。

跟舌頭音相通者一例。

（4）犢＞韇

a. 簡本《少牢》1：左執筮,右緣上犢,兼與筮執之。

b. 傳本《少牢饋食禮》1196 上：左執筮,右抽上韇,兼與筮執之。

犢,定母;韇,明母。

在兩周金文的通假字中,唇音字除内部互通之外,就僅跟牙音、舌頭音通用而與其他無涉,並且明、曉兩母互通之例最多,由《武簡》所見,亦是如此。

古書的通假字情況複雜,其中一定有一字兩音的,也許有的音是後代韻書所沒有的,還有一字在不同文句中的讀音隨文義而定的情況。"從語音的發展來看,音的變化是有先後層序的不同""絕不能認爲祇有一個模式"①。

（二）韻部與聲調

1. 韻部

通過對簡本中出現的通假字與本字的上古音的考察，我們可以在韻部方面歸納出兩種基本類型：第一種，同部通假；第二種，異部通假。除 152 組同音字外，音近字以古韻同部者居多，二者相加，同部通假字共 232 組，占通假字總數的 83.45%，説明"假借必取諸同部"的觀點是基本正確的。而韻部不同的通假字雖僅有 46 組，僅占總數的 16.55%，卻是我們研究的重點。

不同韻部之間的關係有對轉、旁轉和旁對轉的三種情況。

（1）對轉

對轉包括陰陽對轉、陰入對轉、陽入三聲對轉。

第一，陰陽對轉。

歌元對轉例：

① 義 > 獻。

a. 簡本《有司》76：賓長義于尸，昨獻。

b. 傳本《有司》1217 下：賓長獻于尸，尸醋獻。

義，歌部；獻，元部。

第二，陰入對轉。

侯屋對轉例：

② 儒 > 縟。

---

① 周祖謨《漢代竹書與帛書中的通假字與古音的考訂》，載中國音韻學研究會《音韻學研究》第一輯，中華書局，1984 年。

a. 簡本甲本《服傳》37：喪成人者，其文儒；喪未成人者，其文不儒。

b. 傳本《喪服》1111 下：喪成人者，其文縟；喪未成人者，其文不縟。

儒，侯部；縟，屋部。

魚鐸對轉例：

③ 諸＞庶。

a. 簡本《泰射》14：諸子執折相。

b. 傳本《大射》1030 中：庶子設折俎。

諸，魚部；庶，鐸部。

歌月對轉例：

④ 吹＞歠。

a. 簡本甲本《服傳》4：寢蕈枕塊，哭晝夜無時。吹粥。

b. 傳本《喪服》1097 中：寢苫枕塊，哭晝夜無時。歠粥。

吹，歌部；歠，月部。

第三，陽入對轉。

蒸職對轉例：

⑤ 或＞紘。

a. 簡本《泰射》4：桃倚于容磬西或。

b. 傳本《大射》1029 中：縠倚于頌磬西紘。

或，職部；紘，蒸部。

侵緝對轉例：

⑥ 墊＞摯。

a. 簡本《士相見之禮》1：墊，冬用雉；夏用居。

b. 傳本《士相見禮》975 中：摯，冬用雉；夏用脡。

墊,侵部;摯,緝部。

（2）旁轉

真耕旁轉例:

① 楄 > 屏。

a. 簡本甲本《服傳》6:既虞,贊楄柱楘。

b. 傳本《喪服》1097 中:既虞,翦屏柱楣。

楄,真部;屏,耕部。

蒸侵旁轉例:

② 内 > 納。

a. 簡本《燕禮》49:如以樂内賓,則賓及庭秦肆夏。

b. 傳本《燕禮》1024 下:若以樂納賓,則賓及庭奏肆夏。

内,蒸部;納,侵部。

質錫旁轉例:

③ 密 > 鼏。

a. 簡本《特牲》6:厥明日夕,陳鼎于少外,北面北上,有密。

b. 傳本《特牲饋食禮》1180 上:厥明夕,陳鼎于門外,北面北上,有鼏。

密,質部;鼏,錫部。

此外還有之幽旁轉,如:詩(之部) > 誘(幽部)(《泰射》45);之微旁轉,如:歸(微部) > 婦(之部)(《有司》)。

（3）旁對轉

宵鐸旁對轉例:

① 罦 > 羔。

a. 簡本《士相見之禮》8:上大夫相見以罦。

　　b. 傳本《士相見禮》976 下：上大夫相見以羔。

罪，鐸部：羔，宵部。

侯元旁對轉例：

②短＞頭。

　　a. 簡本《士相見之禮》4：左短薦執之。

　　b. 傳本《士相見禮》976 中：左頭如麛執之。

短，元部；頭，侯部。

支月旁對轉例：

③錍＞鼙。

　　a. 簡本《泰射》4：朔錍在其北。

　　b. 傳本《大射》1029 上：朔鼙在其北。

錍，月部；鼙，支部。

歌談旁對轉例：

④吹＞欠。

　　a. 簡本《士相見之禮》12：凡侍坐于君子，君子吹申，問日之早晏，以"食具"告。

　　b. 傳本《士相見禮》977 下：凡侍坐于君子，君子欠伸，問日之早晏，以"食具"告。

吹，歌部；欠，談部。

　　研究中，我們發現陰聲韻與入聲韻的通假中，通假字全爲陰聲韻，被借字全爲入聲韻。

　　陰入互通者 7 例；陰陽互通者 2 例；陽入互通者 2 例。

　　2. 聲調

　　《武簡》278 組通假字中，同調之間互通的共有 169 組，占通假字總數的 60.79%，異調之間互通的共計 109 組，占總數的 39.21%。由此可見，通假現象主要還是發生在同聲調的字中。

　　在同調通用的通假字裏，平聲之間相通者有 70 組，占通假字總數的 25.18%；上聲之間相通者 33 組，占總數的 11.87%；去聲之間相通者 27 組，占總數的 9.71%；入聲之間相通者 39 組，占總數的 14.03%。

　　去聲與其餘三聲的關係。平聲與去聲相通者 31 組，上聲與去聲相通者 27 組，去聲與入聲相通者 15 組。平去相通與上去相通的總和與去入相通的比值是 58：15，而西周和東周時期同樣的比值分別是 5：5 和 8：4。[①] 總體來看，從西周到西漢末，其實際比值從 1：1 發展到 2：1，又發展到 4：1，這種現象可能從側面反映了入聲字整體呈現減少的趨勢，並逐漸實現"入派三聲"。

---

① 參見全廣鎮《兩周金文通假字研究》，台灣學生書局，1989年，第 509 頁。

第二章　傳承字與新構字

經過對比，我們可以很明顯地發現簡本《儀禮》與傳世本之間異文較多。這不但説明二者所依據的原本有地域差異，文字自身發展演變中有迂回曲折性；同時也體現了簡本與傳本之間的時代差别，即對同一個詞採用不同的文字形式，或簡本用先出字、傳本用後出字，或簡本用後出字、傳本用先出字，或簡本、傳本俱用先出但我們今天早已不用的字。這就是我們所稱的傳承字與新構字，其實質是屬于傳統文字學中古今字討論的内容。一般認爲，古今字是指同表某一字義而古今用字有異的漢字。古今字之"古今"，時代並不固定，正如段玉裁所説"古今無定時""隨時異用者，謂之古今字"，產生在前的爲古字，產生在後的爲今字。我們在此之所以將"古今字"改稱爲"傳承字與新構字"，主要有兩點理由：一是"傳承字與新構字"的名稱能完整地表達出古今字的真正内涵。"傳承"與"新構"鮮明地表示出古字與今字間的時間差，在某種程度上，這個名稱使意義體現更完備、更清晰；二是避免了人們對古今字術語認同和使用的偏差。

漢字在歷時的使用過程中形體結構是處于不斷地發展演變之中的，我們將這類字中先出現者稱爲傳承字，後出現者稱爲新構字。我們確定此類用字的標准是：

以《説文》作爲參照，兩字若在《説文》時代俱已產生，就依據它們在《武威漢簡》前出土材料中使用的早晚爲准；若一字在《説文》時已有，而另一字《説文》未收，但在早於《武威漢簡》書寫年代的出土材料中見用，也據二者使用的早晚爲准；若《説文》未收的一字，在早於《武威漢簡》書寫年代的出土材料中也未見用例，就定其爲新構字。

一、組構方式

在討論傳承字與新構字的組構方式時，我們需要引入"形位"①的概念。所謂形位是指漢字形體結構中可區別構形功能的音義結合的最小形體單位。實際上，"形位依可否獨用，可以分爲成字形位和非字形位兩類：成字形位指有義有音，可以獨立使用的形位，從使用角度説，這部分形位也即是單字；非字形位指有獨立構字功能，但不獨立使用，祇在構字中出現的形位。"② 本文主要涉及"成字形位"的概念，即形與音義結合的最小造字單位。形位中與其意義相對應的結構要素稱爲義素，與其讀音相對應的結構要素稱爲聲素。

《武簡》中的傳承字與新構字存在兩種基本類型。

（一）傳承字與新構字含有相同的結構要素

這類字字形間總是存在部分的古今相承關係，共

---

① 參見王貴元《馬王堆帛書漢字構形系統研究》，廣西教育出版社，1999 年。
② 王貴元《馬王堆帛書漢字構形系統研究》，廣西教育出版社，1999 年，第 32 頁。

有三種組構方式。

1. 新構字增添結構要素

这類字增添的結構要素主要是義素。

（1）裹：懷

a. 簡本《特牲》22-23:【主人左執角，再拜稽首，復位，詩】裹于左袂，卦于季指，卒角拜。

b. 傳本《特牲饋食禮》1185 上：主人左執角，再拜稽首受，復位，詩懷之，實于左袂，掛于季指，卒角拜。

《説文解字·衣部》："裹，俠也。從衣，罘聲。"段玉裁注："俠當作夾。轉寫之誤。《亦部》曰：'夾，盜竊裹物也。從亦有所持。'……今人用'懷挾'字，古作'裹夾'。"又《心部》："懷，念思也。從心，裹聲。"西周中期班簋、西周晚期毛公鼎均用"裹"字，《睡虎地秦簡》已加"心"旁。

（2）若：諾

a. 簡本《特牲》2（背文）：筮者許若，還即席西面坐。

b. 傳本《特牲饋食禮》1179 中：筮者許諾，還即席西面坐。

《説文解字·艸部》："若，擇菜也。從艸、右。右，手也。"又《言部》："諾，譍也。從言，若聲。"商承祚《殷虚文字類編》："案：卜辭諸若字象人舉手而跽足，乃象諾時異順之狀，古諾與若爲一字，故若字訓爲順，古金文若字與此略同。"二字關係可明。劉心源《奇觚室吉金文述》亦證："若即諾之古文，既從口又從言，于義爲贅，知諾爲後出字也。"昌鼎、毛公鼎有"若"字，《説文》小篆增"言"旁。

這類新構字增添了義素以後，能夠讓人一眼明瞭其表詞內涵，同時也減輕了傳承字的職能負荷。

2. 新構字簡省結構要素

这類字簡省的結構要素主要是義素。

嘑：呼

a. 簡本《特牲》50：凡祝嘑佐食，許若。

b. 傳本《特牲饋食禮》1192 中：凡祝呼佐食，許諾。

《說文解字·口部》：“嘑，號也。從口，虖聲。”又“呼，外息也。從口，乎聲。”“嘑”的本義即“叫喊、呼喚”。《周禮·春官·雞人》：“大祭祀，夜嘑旦以嘂百官。”唐陸德明《經典釋文》：“嘑，本又作呼。”段玉裁曰：“此嘑字之僅存者也，若《銜枚氏》‘嘂呼歎鳴’、《大雅》‘式號式呼’，以及諸書云‘叫呼’者，其字皆當作嘑。不常用‘外息’之字。”[①]

3. 新構字更替結構要素

这類字可分爲更替義素和更替聲素兩類。

（1）伹：袒

a. 簡本《泰射》40-41：司射適次，伹決，述執弓，挾乘夫于弓外，見鏃于拊。

b. 傳本《大射》1034 中：司射適次，袒決，遂執弓，挾乘矢于弓外，見鏃于弣。

---

① 甲金文“呼叫”義皆用“乎”，若說先構成“嘑”，再簡化爲“呼”（新構），似乎違背邏輯。但“呼號”義，《說文》以“嘑”爲本字。《說文》“虖”欄位注：“漢書多假虖爲乎字。”漢字的發展是簡化與繁化同時進行的，是因借用過多而由虖產生嘑之後又簡化爲呼的，還是另有情形，或須待進一步查考。

《説文解字·人部》:"但,裼也。從人,旦聲。"段玉裁注:"今之經典凡但裼字,皆改爲袒裼矣。"徐鍇《繫傳》:"古此爲袒字。"又《衣部》:"袒,衣縫解也。從衣,旦聲。"但、袒的義素不同。

發生了義素更替的傳承字與新構字的義符,一般而言,或者意義相近,如"常"與"裳","常"從巾,"裳"從衣,巾、衣均爲服飾;或者最初義素的表義並不明顯,而換用新義素後則意義清晰可辨,最先的傳承字往往轉借作它用,如"但"與"袒"。總之,新構字義素的表意效果總是更易于讓人們接受。

（2）稺:稚

a. 簡本甲本《服傳》23:傳曰:夫死,妻稺,子幼,子無大功之親。

b. 傳本《喪服》1108下:傳曰:夫死,妻稺,子幼,子無大功之親。

《説文解字·禾部》:"稺,幼禾也。從禾,犀聲。"段玉裁注:"引伸爲凡幼之稱。今字作'稚'。"稚,《説文》未收,晚出。《廣雅·釋詁二》:"稚,少也。"《廣韻·至韻》:"稚,幼稚。"稚,從禾,隹聲,本指晚植谷物。漢代文字常訛"稺"爲"稚"。

（3）廟:庿

a. 簡本《特牲》42:命佐食徹尸俎,俎出于廟門。

b. 傳本《特牲饋食禮》1190下:命佐食徹尸俎,俎出于庿門。

《説文解字·广部》:"廟,尊先祖皃也。從广,朝聲。庿,古文。"庿,從广,苗聲。戰國以前,廟字或從广或從宀,是個會意兼形聲字;戰國時期開始出現聲旁從"苗"

的字形。段玉裁於"廟"下注曰："見《禮經》十七篇。凡十七篇皆作庿。"

（4）觚：觶

a. 簡本《泰射》40：興，右還北面，少立；坐取觚，興。

b. 傳本《大射》1034 中：興，右還北面，少立；坐取觶，興。

觚，《説文》不見。《角部》："觶，鄉飲酒角也。從角，單聲。"《古今韻會舉要·眞韻》："觶，古作觚。"清姚衡《寒秀草堂筆記》卷二："古有觚字，許書不載。'梓人觶三升'，鄭玄注：'觶字，角旁支，今角旁單，或角旁氏。'"觚，從角，支聲。

這類發生了聲素更替的傳承字與新構字，聲素的古音一般都是相同或相近的。至于產生更替的原因，難下定論。不過，存在這種關係的兩個字，新構字往往從古至今一直運用得較爲普遍，而另一字則可能僅存在于歷史上的某一時期。可能恰恰由于它們的"罕見"，才逐漸被淘汰或"死亡"。

（二）傳承字與新構字之間沒有相同的結構要素

這類字字形上沒有任何古今傳承關係，沒有結構要素的增減、更替，但新構字與傳承字對應的卻是同一個語素意義。

1. 衡：橫

a. 簡本《特牲》51：尸俎，右肩、臂、臑、肫、胳，正脊二，骨衡脊，長脅二，骨短脅。

b. 傳本《特牲饋食禮》1192 下：尸俎，右肩、臂、臑、肫、胳，正脊二，骨橫脊，長脅二，骨短脅。

《説文解字•彳部》:"衡,牛觸。横大木其角。"又
《木部》:"横,闌木也。""横直"義當是二字的引申義,
而"衡"字使用在先,後來至今通用作"横"。

2. 妃:俟

a. 簡本《泰射》64:澤獲者,坐取中之八弄,改實八
弄,興執而弄妃。

b. 傳本《大射》1037 上:釋獲者,坐取中之八筭,改
實八筭,興執而俟。

妃,《説文解字•立部》:"竢,待也,從立,矣聲。妃,
或從巳。"又《人部》:"俟,大也。從人,矣聲。"段玉裁
注:"此俟之本義也。自經傳假爲'竢'字,而'俟'之本
義又廢矣。立部曰:'竢,待也','竢'廢而用'俟',則
'竢''俟'爲古今字。"妃,從立巳聲,實際上與俟的關
係是既更換了義素,又更換了聲素,但我們今天從它們
的形體上已看不出任何聯繫了。

我們在對傳承字與新構字進行異文對比的過程中,
共統計出 35 組用字,發現簡本用傳承字、傳本用新構
字的最多,共 24 組;簡本用新構字、傳本用傳承字的僅
見 2 組;簡本與傳本俱用傳承字者 9 組。進一步統計,
其中通過更替結構要素形成的新構字 10 組,占總數的
28.57%;通過增添結構要素形成的新構字 20 組,占總數
的 57.14%;通過減省結構要素形成的新構字 2 組,占總
數的 5.71%;字形上没有傳承關係的新構字 3 組,占總
數的 8.58%。即便除去簡本與傳本俱用傳承字的用例,
通過增添結構要素主要是義素形成的新構字仍占最多
數,而這些新構字基本上都是形聲字,反映出漢字形聲

化發展的趨勢。

　　曾有人對秦代簡牘中的新構字進行過全面統計，並通過與商周時代的甲骨文、金文字形進行對照，發現有一類增添聲素的現象，如"自"與"鼻"，在《武簡》中我們未發現此類情形。漢字的形聲化是漢字的總體發展趨勢，也是漢字最能產的"造字法"。形聲字產生的途徑之一就是在表意字上加注音符，"鼻"這個形聲字就是在象形字"自"上添加聲符"畀"後形成的，二字的產生有先後，從而形成了傳承與新構的關係。《武簡》中未發現這種造字方式，說明這種通過對象形字、指事字、會意字加注聲符生成注音式形聲字的方式，因形符沒有類化，不具有能產性，因而逐漸弱化，形聲字的增加主要依靠增添義素或更替結構要素的方式。

二、傳承字與新構字之間的意義關係

　　簡本中的傳承字與新構字的意義關係可分為兩類。第一類，傳承字與新構字字義完全相同。如我們前文所舉的"廟"與"庿"，這組字僅是發生了聲素更替的音義全同字。這類字往往一字存一字廢，原因是兩字的職能相同，而文字本身又要求具有經濟性，所以必有一字要淘汰。

　　第二類，傳承字與新構字字義不完全相同。新構字或由傳承字的本義產生，或由其引申義產生，或由其假借義產生。

（一）新構字由傳承字的本義生成

1. 匪：篚

a. 簡本《特牲》24–25：主人合拜，受角，降，反于匪，升復位。

　　b. 傳本《特牲饋食禮》1185 上：主人苔拜，受角，降，反于筐，升入復位。

　　《説文解字・匸部》：“匪，器。似竹筐。從匸，非聲。”又《竹部》：“筐，車笒也。從竹，匪聲。”段玉裁注：“匪、筐古今字。”清吳善述《説文廣義校訂》：“按：筐、篚、篋三字古作匡、匪、匧。加竹者，蓋皆籀文，以皆竹器也。”匪，本指古代用以盛放方帛巾的竹器，形旁“匸”體現了該器物的功能。筐本指車上懸掛的遮擋車廂內部的竹簾，正因為材料為竹，與盛器之匪的材料一致，從而成為了匪的替代字。即便到了商周禮樂時代，這種器物經常在祭祀儀式中使用，也出現了用青銅製造的匪，但從竹的“筐”字卻被穩定地傳承下來。

　　2. 段：鍛

　　a. 簡本甲本《服傳》4：冠【六升，外】繹，段而勿灰。

　　b. 傳本《喪服》1097 中：冠六升，外畢，鍛而勿灰。

　　《説文解字・殳部》：“段，椎物也。從殳，耑省聲。”段玉裁注：“金部曰：‘鍛，小冶也。小冶，小鑄之竈也。’後人以鍛爲段字，以段爲分段字，讀徒亂切。分段字自應作斷，蓋古今字不同如此。”用棒槌捶物之本字當為“段”，“段而勿灰”是指在製作喪冠時用到的冠布要經過捶洗而不用加灰。“鍛”為鍛冶之意，鍛冶時亦要錘打，與捶洗的動作相似，因此當“段”產生分段意之後，自然本義由“鍛”接替。

（二）新構字由傳承字的引申義產生

1. 拊：弣

a. 簡本《泰射》40-41：司射適次，但決，述執弓，挾乘夫于弓外，見鐖于拊，右鉅指句弦。

b. 傳本《大射》1034 中：司射適次，袒決，遂執弓，挾乘矢于弓外，見鐖于弣，右巨指鉤弦。

《説文解字·手部》：“拊，揗也。從手，付聲。”段玉裁注：“古作‘拊揗’，今作‘撫揗’，古今字也。”段氏指出了“拊”“撫”的同詞異字的歷時關係。但“拊”由“撫摸”義可引申爲“手持、撫持”義，從而造一步引申爲手所撫持的地方或器物。《禮記·少儀》：“弓則以左手屈韣執拊。”孔穎達疏：“韣，弓衣。拊，弓把也。”弣，《説文》不見。《釋名·釋弓器》：“（弓）中央曰弣。弣，撫也，人所撫持也。”畢沅注：“中央，人手所握處也。”《廣韻·麌韻》：“弣，弓把中也。”b 例句，鄭玄注：“弣，弓把也。”在此意義上，拊、弣形成歷時的傳承字與新構字的關係。

2. 溜：霤

a. 簡本《燕禮》45：所執脯以賜鍾人于門内溜，遂出。

b. 傳本《燕禮》1024 上：賓所執脯以賜鍾人于門内霤，遂出。

《説文解字·水部》：“溜，水。出鬱林郡。從水，留聲。”霤，《説文》未收。《説文繫傳·雨部》：“霤，屋簷滴處。《春秋左傳》曰：‘三進及霤。’”今本《左傳·宣公二年》作“溜”。孔穎達疏：“溜謂簷下水溜之處。”陸德明《經典釋文》：“溜，屋霤下。”“溜”的本義是古水名，假借後，水流過的地方稱爲"溜"，再引申，雨水流下屋簷而滴落的地方也稱"溜"。"霤"後起，專指屋簷滴水處，"雨"頭更形象地指明屋簷滴水的原因。

（三）新構字由傳承字的假借義産生

1. 廡：甒

a. 簡本《少牢》11：司宮尊兩廡于房戶之閒，同棜皆有幂，廡有玄酒。

b. 傳本《少牢饋食禮》1198 上：司宮尊兩甒于房戶之閒，同棜皆有幂，甒有玄酒。

《説文解字·广部》："廡，堂周屋也。從广，無聲。"廡本指堂下周圍的廊屋。甒，《説文》未收。《玉篇·片部》："甒，盛五升小罌也。"甒是能盛五升酒的器皿。鄭玄注："古文甒皆作廡。"《墨子·備穴》："壘之中爲大廡一。"孫治讓《閒詁》："蘇云：'廡，古文甒。見《儀禮》注。"

2. 胃：謂

a. 簡本甲本《服傳》32：爲舊君者，孰胃也？士焉而已者。

b. 傳本《喪服》1110 下：傳曰："爲舊君者，孰謂也？仕焉而已者也。"

《説文解字·肉部》："胃，穀府也。從肉。象形。"又《言部》："謂，報也。從言，胃聲。"胃先行假借來表示"謂"義，"謂"是後起本字。[1]

---

[1] "言謂"之"謂"字最早見於秦簡，在其出現以前多借"胃"字表示，"胃"字楚簡多見。

　　以上所分析新構字與傳承字分別在本義、引申義上跟假借義形成了歷時的同詞異字關係。新構字之所以產生並流傳下來，是因爲它與所表達的語詞意義更契合，而傳承字由于本身司職太多而不利于語義的清晰表達，這在客觀上也要求產生新構字。

三、《説文》對簡本傳承字與新構字的著錄

　　《説文》是迄今我們所能看到的最早也最系統的分析字形的字書，由于簡本的産生與《説文》時代相距較近，所以我們研究《武簡》的用字情況時，無論形、音、義都以《説文》作爲基本的參照依據。在《説文》的9353個正篆和1163個重文中，就含有一定數量的新構字，而更晚産生的新構字未能被《説文》收錄的數量就更多了。《武簡》中的傳承字與新構字在《説文》中的收錄情況主要有以下幾種。

　　傳承字與新構字同見于《説文》正篆，如"但"與"袒"、"段"與"鍛"。

　　傳承字見于《説文》正篆，新構字見于《説文》重文，如"常"與"裳"。

　　傳承字見于《説文》正篆，新構字不見于《説文》，如"拊"與"弣"、"閒"與"間"、"廉"與"甌"。

　　傳承字見于《説文》重文，新構字見于《説文》正篆，如"汜"與"佚"。

　　傳承字不見于《説文》，新構字見于《説文》正篆，如"觖"與"觶"。

第三章　異　詞

　　本章節我們探討的簡本《儀禮》與傳世本《儀禮》的異文情形，是排除掉語音的異文即通假字以及字形的異文即傳承字與新構字之外的一種情況，即從詞義的角度探察到的文字互異的類別。在此，我們引入"異詞"這個概念以做說明。武威漢簡《儀禮》的異詞，可以劃分爲三種類型：一是詞義基本相同的同義異詞；二是詞義有種屬大名小名關係的包義異詞；三是詞義有部分交叉的交義異詞。

一、同義異詞

　　同義異詞是指互爲異文的兩個詞是同義的相互換用。按照詞性可分爲以下類別。

（一）名詞類

肫：膞

　　a. 簡本《少牢》8：司馬升羊，右辨，脾不升，肩臂臑，肫胳……

　　b. 傳本《少牢饋食禮》1197下：司馬升羊，右胖，髀不升，肩臂臑，膞骼……

　　《説文解字·肉部》："肫，面頯也。從肉，屯聲。"又"膞，切肉也。從肉，專聲。"例句中並未用二字的本義。

鄭玄注：“膞骼，股骨。”《禮記·特牲饋食禮》有“右肩臂臑肫胳”，胡培翬《正義》引凌廷堪《禮經釋例·特牲上篇》云：“後體謂之股骨，又謂之後脛骨。股骨三，最上謂之肫，又謂之膞。”在此句中，肫、膞爲同義詞，均指祭祀所用牲後體的一部分——最上端的股骨，而事實上此處本字應爲“腨”。《說文解字·肉部》：“腨，腓腸也。”段玉裁注曰：“腨者，脛之一端。舉腨不該脛也，然析言之如是，統言之則以腨該全脛。如禮經之言肫胳是也。禮經多作肫，或作膞，皆假借字。”段氏不僅指出了本字，也道明了肫、膞二字的關係，即同義關係。二字都可指禽類的胃部。《玉篇·肉部》：“肫，鳥藏也。”《廣韻·仙韻》：“膞，鳥胃也。”二字由本義不同逐漸意義趨同，根本原因或由上古語音相同所致。而今，禽類之胃則以“肫”字代之。

（二）動詞類

1. 更：易

a. 簡本《燕禮》20：公有命，則弗更不洗。

b. 傳本《燕禮》1018 中：公有命，則不易不洗。

《說文解字·攴部》：“更，改也。從攴，丙聲。”又《易部》：“易，蜥易，蝘蜓，守宮也。象形。”“易”是“蜥蜴”之“蜴”的本字，後借作他用。《玉篇·日部》：“易，轉也，變也。”《廣韻·昔韻》：“易，變易也，改也。”又《小爾雅·廣詁》：“更，易也。”“更”“易”均指更改、更換的意思。胡承珙《義證》：“更者，《禮記·大射儀》‘更爵洗’注云：更，易也。《燕禮》‘易觶洗’注云：凡爵不相襲者，于尊者言更，自敵以下言易。更作新易有故之辭，是更與易，對文則別，散文則通也。"

2. 刌：切

a. 簡本《少牢》15：佐食上私升牢心舌，載于甄俎，心皆安下刌上。

b. 傳本《少牢饋食禮》1098 中：佐食上利升牢心舌，載于肵俎，心皆安下切上。

《説文解字·刀部》："刌，切也。從刀，寸聲。"又"切，刌也。從刀，七聲。"二字同義互訓。段玉裁注："二字雙聲同義。古文《禮》'刌肺'，今文刌爲切。"b 例句，鄭玄注："今文'切'皆爲'刌'。"《廣雅·釋詁一》："切，斷也。"《釋詁三》："切，割也。"《禮記·少儀》篇："牛與羊魚之腥，聶而切之爲膾。"《廣雅·釋詁一》："刌，斷也。"《釋詁二》："刌，割也。"《儀禮·特牲饋食禮》："刌肺三。"鄭玄注曰："今文刌爲切。"

（三）副詞類

在異文中出現的這一類詞全部屬於否定副詞，如"非"與"不"，"弗"與"不"，"弗"與"未"等。

1. 非：不

a. 簡本《士相見之禮》2：某非敢爲儀，固以請。

b. 傳本《士相見禮》975 下：某不敢爲儀，固以請。

鄭玄注："今文'不'爲'非'。"《説文解字·一部》："不，鳥飛上翔不下來也。從一，一猶天也。象形。"又《非部》："非，違也。從飛下翄，取其相背。"二字用作否定副詞均是詞義一再引申的結果。清王引之《經傳釋詞》："不，非也。"孫詒讓《墨子間詁》引王引之："不，與非同義，故互用。"二字的否定意義是相同的，但在古代漢語中的用法還是有别。"不"的用法廣泛，基本和現代相同，既可以否定動詞，又可以否定形容詞；既可以否定及物動詞，又可以否定不及物動詞。"非"的用法特殊，它所否定的不祇是後面的動詞，而是整個謂語。由例句可見，"非"否定"敢爲儀"這個謂語部分。

　　由于"不"的用法廣泛，所以與其他否定副詞間的換用關係較爲正常，如"弗"與"不"。例如：

　　a. 簡本甲本《服傳》39：故子生三月則父命之，死則哭之；未命則弗哭也。

　　b. 傳本《喪服》1111 下：故子生三月則父名之，死則哭之；未名則不哭也。

　　2. 弗：未

　　a. 簡本甲本《服傳》38：故喪之経不澩垂，蓋弗成也。

　　b. 傳本《喪服》1111 下：故殤之経不樛垂，蓋未成人也。

　　《説文解字·丿部》："弗，撟也。從丿，從□，從韋省。"段注本改"撟"爲"矯"。又《未部》："未，味也。六月滋味也。五行，木老于未，象木重枝葉也。""弗"表否定義是其引申義，而"未"的否定義則是其假借義。秦漢以前，"弗"字的使用範圍狹窄，一般來説，其後的動詞祇能是及物動詞，但動詞後面卻不能帶賓語。漢代以後，"弗"字的使用範圍逐漸擴大，偶爾也跟形容詞，卻仍不多見。"未"字多表事情還没有實現，相當于現代漢語動詞前的"没有"。由例句中簡本"弗"字後祇跟了及物動詞"成",無賓語,而傳本"未"後接"成人"可見,簡本不一定是脫字,傳本也不一定是衍字,可能正是"弗"與"未"的用法不同所致。

(四)代詞類

在異文中出現的這一類詞大都屬于人稱代詞,如第一人稱代詞"我"與"吾",第二人稱代詞"女(汝)"與"爾"。

1. 我:吾

a. 簡本甲本《服傳》41:姪者何也? 胃我姑者,吾謂之姪。

b. 傳本《喪服》1114中:傳曰:姪者何也? 胃吾姑者,吾謂之姪。

《説文解字·我部》:"我,施身自謂也。"李孝定《甲骨文字集釋》:"契文'我'像兵器之形,以其柲似戈與戈同,非從戈也……卜辭均假施身自謂之詞。""我"用作第一人稱代詞是假借義。又《口部》:"吾,我自稱也。從口,五聲。"簡文中既有"我",又有"吾","我"字放在動詞"胃(謂)"之後作賓語,而"吾"卻用作主語;傳本俱用"吾"字。這種現象或許説明"吾"至少在東漢初年時,一般不放在動詞後作賓語用①,同時也證明傳

---

① 王力先生指出:"'吾'和'我'的分别,就大多數的情況看來是這樣:'吾'字用于主格和領格,'我'字用于主格和賓格。當'我'用于主格和賓語時,'吾'往往用于主格;……在任何情況下,'吾'都不用于動詞後的賓格。"(《漢語史稿》中册,中華書局,1980年,第252頁)

世本的確經後人改動過。

2. 女：爾

a. 簡本《少牢》2：遂術曰："假女大筮有常。"

b. 傳本《少牢饋食禮》1196 中：遂述命曰："假爾大筮有常。"

《説文解字·女部》："女，婦人也。"借爲第二人稱代詞，後作"汝"。又《㸚部》："爾，麗爾，猶靡麗也。"借爲第二人稱代詞。段玉裁注："後人以其與汝雙聲，假爲'爾汝'字。"《集韻·語韻》："女，爾也。通作汝。"二字的用法基本没有區別。

二、包義異詞

包義異詞是指互爲異詞關係的兩字，在意義上是包含與被包含的關係。此類異文皆為名詞類，為便於更清楚地展示這種包含關係，我們此處通過意義所涉概念的外延範圍即代表種屬關係的大名和小名的概念來說明。

（一）簡本用大名，傳本用小名

1. 汁：渧

a. 簡本《少牢》44-45：司士進下刑于上饌，有進一刑于次饌，有進二豆汁于兩下，乃皆食。

b. 傳本《少牢饋食禮》1204 上：司士進一鉶于上簋，又進一鉶于次簋，又進二豆渧于兩下，乃皆食。

《説文解字·水部》："汁，液也。從水，十聲。"又"渧，幽溼也。從水，音聲。"《玉篇·水部》："渧，煮肉汁。"《廣韻·緝部》："渧，羹汁。""渧"指肉汁、肉湯，相對"汁"的範圍較小。

2. 類: 蒯

a. 簡本乙本《服傳》6: 疏屨者, 麤類之菲也。

b. 傳本《喪服》1103 中: 疏屨者, 藨蒯之菲也

《説文解字·犬部》: "類, 種類相似, 唯犬爲甚。從犬, 頪聲。" 段玉裁注: "類本謂犬相似, 引申假借爲凡相似之稱。" 蒯,《説文》不見。裴駰《史記集解》: "蒯, 茅之類, 可爲繩。"《玉篇·艸部》: "藨, 蒯屬, 可爲席。" "藨""蒯"爲同類的草名。簡文中的"麤"當爲"藨"的訛誤字, 故"麤類"可能是"藨蒯"等草的類屬概括。 "類"與"蒯"可視作大名與小名的關係。

(二) 簡本用小名, 傳本用大名

1. 觶: 爵

a. 簡本《有司》41: 主人奠觶于匪, 對。

b. 傳本《有司》1213 下: 主人奠爵于篚, 對。

《説文解字·角部》: "觶, 鄉飲酒也。從角, 單聲。" 又《鬯部》: "爵, 禮器也。象爵之形, 中有鬯酒, 又持之也, 所以飲。" 段玉裁注: "古説今説皆云爵一升。《韓詩》説爵、觚、觶、角、散, 總名曰爵。"《説文》説"觶受四升", 鄭玄説"三升曰觶", 而一般爵容一升。看來細分之, 則爵與觶有容量的不同, 並且古代飲酒時用爵還是用觶能夠顯示身份與地位的尊卑。統而言之, 則皆名爲爵, 故爵與觶也是大名與小名的關係。

2. 延: 席

a. 簡本《特牲》7: 几延兩敦在西堂。

b. 傳本《特牲饋食禮》1180 中：几席兩敦在西堂。

"延"通"筵"。簡文"延"與"几"並列，可見"延"爲"筵"的通假字無疑。同篇簡文中有"延"通"筵"的例句。簡本《特牲》11-12："祝延几于室中，東面。"傳本"延"作"筵"。《説文解字•竹部》："筵，竹席也。"段玉裁注："《周禮•司几筵》注曰：'筵亦席也。鋪陳曰筵，藉之曰席。'然其言之，筵、席通矣。"席子的編織材料有蘆葦、竹篾、蒲草等多種，竹席只是其中一類，所以筵與席形成大名與小名的關係。

三、交義異詞

交義異詞是指形成異詞關係的兩字各有自己的意義範圍，但在意義上或多或少地存在某些聯繫，也就是意義範圍有相交叉的部分。

1. 洗：盥

a. 簡本《泰射》16：賓降洗，主人降，賓辭降。

b. 傳本《大射》1032 上：賓降盥，主人降，賓辭降。

《説文解字•水部》："洗，灑足也。從水，先聲。"又《皿部》："盥，澡手也。從臼、水，臨皿。"洗在古代專指洗腳，而盥專指洗手，二者所清潔的對像是身體的不同部位，但"清洗"的意義卻是相交的，後世"盥洗"連用也説明二字的意義區分已日漸模糊。

2. 復：即

a. 簡本《泰射》55：大夫則降，復位而後告。

b. 傳本《大射》1036 上：大夫則降，即位而後告。

《説文解字•彳部》："復，往來也。從彳，复聲。"段玉裁注:"《辵部》曰:返,還也。還,復也。皆訓往而仍來。"復有"返回"的意思。又《卩部》:"即,即食也。"引申有"到""到達"的意思。例句裏,無論用"復"還是用"即"都不影響"回到原位"的句意表達。

3. 柧:觚

a. 簡本《燕禮》39:公坐取賓所揚柧。

b. 傳本《燕禮》1023 上:公坐取賓所媵觚。

《説文解字·木部》:"柧,棱也。從木,瓜聲。"又《角部》:"觚,鄉飲酒之爵也。從角,瓜聲。"《廣雅·釋器》:"二升曰觚。""柧"通"觚"。同篇簡文中有例,簡本《燕禮》38:"【賓降洗】升,媵柧于公。"傳本作"媵觚于公。"觚受二升,觶受四升,是容量不同的酒器,析言則别,渾言名曰爵。

附　錄

一、研究材料

（一）《馬王堆漢墓帛書》（肆）

《馬王堆漢墓帛書》1973年底出土于湖南長沙馬王堆二號漢墓，共分四函發表。本文所用的研究材料是第四函，這一函的主要內容是一些古佚醫書，包括《足臂十一脈灸經》和《陰陽十一脈灸經》（甲、乙本）主要是論述人體十一脈的循行、主病和灸法，與現存《黃帝內經·靈樞·經脈篇》所論十二經脈的部分接近，其中有些文句與《經脈篇》相同，是研究我國傳統醫學中經絡學的形成與發展的寶貴資料。

《脈法》和《陰陽脈死候》是論述根據脈象來判斷疾病的徵候，其中還特別提到用灸法和砭石治療疾病的問題，是古代的中醫診斷學著作。

《五十二病方》是我國現已發現的最古醫方。每種疾病題下分別記載各種方劑和療法。疾病種類包括內科、外科、婦產科、小兒科以及五官科等，尤以外科病爲多。治療方法主要是用藥物，也有灸法、砭石及外科手術割瘡等。值得注意的是，以上幾種古醫書中都未提到針法，而《黃帝內經》中對針法及針的形制均作了詳細的論述,説明《五十二病方》成書較早,可能是《黄帝内經》賴以成書的材料之一。

《却穀食氣》是目前所見關于行氣和氣功的最早的文獻之一。

《胎産書》主要是講有關婦女懷胎及生産時的宜忌。

木簡《雜禁方》和帛書《養生方》《雜療方》的一部分,是一些咒禁方術,古代的醫籍中常雜有這一類内容。

竹簡《十問》《合陰陽》《天下至道談》以及帛書《養生方》和《雜禁方》的主體都屬于《漢書·藝文志》所述房中,是古人養生書的一種。

(二)武威漢簡《儀禮》

《武威漢簡》1959 年 7 月出土于甘肅武威縣,内容包括比較完整的《儀禮》九篇、日忌簡、雜占簡、王杖簡及部分柩銘。後由中國科學院考古研究所、甘肅省博物館編爲《武威漢簡》,于 1964 年由文物出版社出版。其中的九篇《儀禮》爲本文的研究範圍。

武威出土的《儀禮》共有三種本子。

甲,木簡,字大簡寬,存 7 篇,依次是:《士相見之禮》《服傳》《特牲》《少牢》《有司》《燕禮》《泰射》,通稱《武簡》甲本。

乙,木簡,字小簡窄,僅存《服傳》一篇,通稱《武簡》乙本。

丙,竹簡,僅存《喪服》一篇,通稱《武簡》丙本。

甲、乙本和丙本不但有木、竹之異,它們之間的内容亦有差異。甲、乙本的《服傳》祇有傳文没有經文,而丙本是《喪服》經,單經無傳。甲本的七篇,每篇之首皆題記篇題名和篇次數，由此可知它們的編次。

武威出土的甲、乙、丙三本《儀禮》九篇，除甲、乙本《服傳》和今本有很大的出入外，其他甲本六篇和今本大略相同，丙本《喪服》經同于今本。

簡本《儀禮》的抄寫年代大致在西漢晚期，約當成帝前後，其所依據之原本，常屬于昭宣之世。丙本竹簡早于木簡。儘管《儀禮》是經典文獻，但西漢經書手寫傳抄，沒有標准的原本，易滋歧異。《武簡》的字體是成熟的隸書，但"漢人作隸往往好假借通用，或加、或省、或變、或行奇古，譎怪中雜篆籀。"（汪日秀《隸釋·跋》）

二、《武威漢簡》本《儀禮》通假字表

武威漢簡《儀禮》通假字表

序號	通假字	中古音	上古音
001	微《特》48	明微合三平止	明微平
	薇	明微合三平止	明微平
002	熏《特》48	曉文合三平臻	曉文平
	纁	曉文合三平臻	曉文平
003	監《特》24	見鑑開二去咸	見談去
	鹽	余鹽開三平咸	余談平
004	鄉《特》17	曉陽開三平宕	曉陽平
	饗	曉養開三平宕	曉陽平
005	薌《士》4	曉陽開三平宕	曉陽平
	饗	曉養開三平宕	曉陽平
006	鄉《士》4	曉陽開三平宕	曉陽平
	曏	曉陽開三平宕	曉陽平

续表

序號	通假字	中古音	上古音
007	盍《特》13	曉海開一上蟹	曉之上
	醯	曉海開一上蟹	曉之上
008	般《特》11	幫桓合一平山	幫元平
	槃	並桓合一平山	並元平
009	也《士》9	余馬開三上假	余歌平
	他	透歌開一平果	透歌平
010	孰《特》2 背	禪屋合三入通	禪覺入
	塾	禪屋合三入通	禪覺入
011	吹《士》12	昌支合三平止	昌歌平
	欠	溪梵合三去咸	溪談去
012	吹《甲服》4	昌支合三平止	昌歌平
	歠	昌薛合三入山	昌月入
013	膌《有》10 背	從昔開三入梗	從錫入
	脊	精昔開三入梗	精錫入
014	販《有》64	幫願合三上山	幫元上
	反	幫阮合三上山	幫元上
015	反《乙服》3	幫阮合三上山	幫元上
	飯	幫阮合三上山	並元去
016	反《乙服》3	幫阮合三上山	幫元上
	返	幫阮合三上山	幫元上
017	俠《燕》52	匣貼開四入鹹	匣葉入
	夾	見洽開二入鹹	見葉入
018	辨《士》10	並獮開三上山	並元上
018	辯	並獮開三上山	並元上

序號	通假字	中古音	上古音
019	辨《特》33	並獮開三上山	並元上
	徧	幫霰開四去山	幫真去
020	辨《甲服》16	並獮開三上山	並元上
	胖	滂換合一去山	滂元去
021	辨《有》61	並獮開三上山	並元上
	胖	幫換合一去山	幫元去
022	梪《士》1	定侯開一去流	定侯去
	頭	定侯開一平流	定侯平
023	短《士》8	端緩合一上山	端元上
	頭	定侯開一平流	定侯平
024	枯《特》48	溪模合一平遇	溪魚平
	苦	溪姥合一上遇	溪魚上
025	繂《特》47	幫質開三入臻	幫質入
	韠	幫質開三入臻	幫質入
026	畢《甲服》4	幫質開三入臻	幫質入
	繂	幫質開三入臻	幫質入
027	繂《泰》53	幫質開三入臻	幫質入
	畢	幫質開三入臻	幫質入
028	韠《特》14	幫質開三入臻	幫質入
	畢	幫質開三入臻	幫質入
029	卦《特》23	見卦合二去蟹	見支去
	掛	見卦合二去蟹	見支去
030	刲《少》3	溪齊合四平蟹	溪支平
	卦	見卦合二去蟹	見支去

序號	通假字	中古音	上古音
031	圛《特》11	端寒開一平山	端元平
	簞	端寒開一平山	端元平
032	飭《士》8	徹職開三入曾	透職入
	飾	書職開三入曾	書職入
033	基《甲服》12	見之開三平止	見之平
	期	群之開三平止	群之平
034	禺《甲服》31	疑虞合三平遇	疑侯平
	寅	疑虞合三去遇	疑侯平
035	胃《甲服》32	雲未合三去止	匣物去
	謂	雲未合三去止	匣物去
036	義《特》3	疑寘開三去止	疑歌去
	儀	疑支開三去止	疑歌平
037	義《有》76	疑寘開三去止	疑歌去
	獻	曉願開三去山	曉元去
038	義《有》1背	疑寘開三去止	疑歌去
	議	疑寘開三去止	疑歌去
039	鬲《甲服》1背	來錫開四入梗	來錫入
	搞	影麥開二入梗	影錫入
040	申《士》12	書真開三平臻	書真平
	伸	書真開三平臻	書真平
041	信《甲服》12	心震開三去臻	心真去
	伸	書真開三平臻	書真平
042	執《士》2背	章緝開三入深	章緝入
	摯	章至開三去止	章緝去
043	墊《士》1	定霰開四去山	章緝入

序號	通假字	中古音	上古音
043	摯	章至開三去止	章緝去
044	庸《特》50	余鐘合三平遇	余東平
	墉	余鐘合三平遇	余東平
045	于《特》47	影魚開三平遇	影魚平
	杅	影魚開三平遇	影魚平
046	敝(士)15	並祭開三去蟹	並月去
	幣	並祭開三去蟹	並月去
047	延《特》11	余仙開三平山	余元平
	筵	余仙開三平山	余元平
048	復《有》16背	並屋合三入通	並覺入
	覆	滂屋合三入通	滂覺入
049	州《有》40	章尤開三平流	章幽平
	酬	禪尤開三平流	禪幽平
050	酌《有》56	章藥開三入宕	章藥入
	酬	禪尤開三平流	禪幽平
051	勺《燕》50	禪藥開三入宕	禪藥入
	酌	章藥開三入宕	章藥入
052	汋《燕》17	禪藥開三入宕	禪藥入
	酌	章藥開三入宕	章藥入
053	畏《泰》69	影未合三去止	影微去
	隈	影灰合一平蟹	影微平
054	晉《泰》66	精震開三去臻	精真去
	搢	精震開三去臻	精真去
055	簪《泰》44	精震開三去臻	精真去
	搢	精震開三去臻	精真去

续表

序號	通假字	中古音	上古音
056	生《燕》48	山庚開二平梗	山耕平
	牲	山庚開二平梗	山耕平
057	生《燕》30	山庚開二平梗	山耕平
	笙	山庚開二平梗	山耕平
058	士《甲服》32	崇止開三上止	崇之上
	仕	崇止開三上止	崇之上
059	古《乙服》6	見姥合一上遇	見魚上
	沽	見姥合一平遇	見魚平
060	邊《有》20	幫先開四平山	幫元平
	籩	幫先開四平山	幫元平
061	裹《特》23	匣皆合二平蟹	匣微平
	懷	匣皆合二平蟹	匣微平
062	壞《少》33	匣怪合二去蟹	匣微去
	懷	匣皆合二平蟹	匣微平
063	左《少》32	精哿開一上果	精歌上
	佐	精箇開一去果	精歌去
064	佐《燕》28	精箇開一去果	精歌去
	左	精哿開一上果	精歌上
065	授《有》17	禪宥開三去流	禪幽去
	受	禪有開三上流	禪幽上
066	綬《甲服》12	禪有開三上流	禪幽上
	受	禪有開三上流	禪幽上
067	鄷《燕》2	滂東合三平通	滂冬平
	豐	滂東合三平通	滂冬平
068	捲《泰》	見獼合三上山	見元上

续表

序號	通假字	中古音	上古音
068	卷	見獮合三上山	見元上
069	敏《泰》64	明軫開三上臻	明之上
	每	明賄合一上蟹	明之上
070	每《泰》59	明賄合一上蟹	明之上
	毋	明虞合三平遇	明魚平
071	詫《士》16	徹禡開二去假	透鐸去
	宅	澄陌開二入梗	定鐸入
072	枇《特》14	並脂開三平止	並脂平
	匕	幫旨開三上止	幫脂上
073	比《特》14	幫旨開三上止	幫脂上
	枇	並脂開三平止	並脂平
074	辟《有》12	幫昔開三入梗	幫錫入
	臂	幫寘開三去止	幫錫去
075	辟《特》49	幫昔開三入梗	幫錫入
	避	並寘開三去止	並錫去
076	辟《特》48	幫昔開三入梗	幫錫入
	壁	幫錫開四入止	幫錫入
077	匪《特》25	幫尾合三上止	幫微上
	篚	幫尾合三上止	幫微上
078	善《燕》1	禪獮開三上山	禪元上
	膳	禪線開三去山	禪元去
079	鄉《燕》3	曉陽開三平宕	曉陽平
	向	曉漾開三去宕	曉陽平
080	正《泰》41	章勁開三去梗	章耕去
	政	章勁開三去梗	章耕去

序號	通假字	中古音	上古音
081	柔《泰》69	日尤開三平流	日幽平
	揉	日尤開三平流	日幽平
082	內《燕》49	泥隊合一去蟹	泥物去
	納	泥合開一入鹹	泥緝入
083	段《甲服》4	定換合一去山	定元去
	鍛	端換合一去山	端元去
084	女《甲服》10	泥語開三上遇	泥魚上
	汝	日語開三上遇	日魚上
085	妾《乙服》29	清葉開三入咸	清葉入
	接	精葉開三入咸	精葉入
086	若《泰》53	日藥開三入宕	日鐸入
	諾	泥鐸開一入宕	泥鐸入
087	奉《士》1	並腫合三上通	並東上
	捧	滂腫合三上通	滂東上
088	黑《泰》42	曉德開一入曾	曉職入
	墨	明德開一入曾	明職入
089	亙《特》48	見嶝開一去曾	見蒸去
	萱	匣桓合一平山	匣元平
090	璽《甲服》20	心止開三上止	心脂上
	禰	泥薺開四上蟹	泥脂上
091	璽《少》26背	心止開三上止	心脂上
	爾	日紙開三上止	日脂上
092	澤《泰》60	澄陌開二入梗	定鐸入
	釋	書昔開三入梗	書鐸入
093	擇《泰》51	澄陌開二入梗	定鐸入

序號	通假字	中古音	上古音
093	釋	書昔開三入梗	書鐸入
094	捨《有》62 背	書禡開三去假	書魚去
	釋	書昔開三入梗	書鐸入
095	堂《丙喪》30	定唐開一平宕	定陽平
	當	端唐開一平宕	端陽平
096	當《特》43	端唐開一平宕	端陽平
	嘗	禪陽開三平宕	禪陽平
097	絰《丙喪》20	定屑開四入山	定質入
	姪	澄質開三入臻	定質入
098	菲《特》46	滂尾合三上止	滂微上
	朏	並未合三去止	並微去
099	屢《士》14	來遇合三去遇	來侯去
	屨	見遇合三去遇	見侯去
100	宴《士》12	影霰開四去山	影元去
	晏	影諫開二去山	影元去
101	燕《士》10	影霰開四去山	影元去
	宴	影霰開四去山	影元去
102	縠《特》52	見屋合一入通	見屋入
	觳	匣屋合一入通	匣屋入
103	溉《少》7	見代開一去蟹	見物去
	摡	見代開一去蟹	見物去
104	棫《特》2 背	雲職合三入曾	匣職入
	閾	雲職合三入曾	匣職入
105	術《少》2	船術合三入臻	船物入
	述	船術合三入臻	船物入

序號	通假字	中古音	上古音
106	犢《少》1	定屋合一入通	定屋入
	韇	明卦開二去蟹	明支去
107	肄《少》12	餘至開三去止	餘質去
	肆	心至開三去止	心質去
108	雷《少》11	來灰合一平蟹	來微平
	纍	來灰合一平蟹	來微平
109	假《少》2	見馬開二上假	見魚上
	假	見馬開二上假	見魚上
110	假《少》32 背	見馬開二上假	見魚上
	碬	見馬開二上假	見魚上
111	齊《有》62	從齊開四平蟹	從脂平
	嚌	從霽開四去蟹	從脂去
112	資《甲服》1 背	精脂開三平止	精脂平
	齊	從齊開四平蟹	從脂平
113	齋《甲服》1 背	莊皆開二平蟹	莊脂平
	齊	從齊開四平蟹	從脂平
114	施《泰》98	書支開三平止	書歌平
	弛	書紙開三上流	書歌上
115	偶《泰》44	疑百開一上流	疑侯上
	耦	疑百開一上流	疑侯上
116	桃《泰》4	定豪開一平效	定宵平
	鼗	定豪開一平效	定宵平
117	護《泰》6	匣暮合一去遇	匣鐸去
	獲	匣鐸合一入宕	匣鐸入
118	錍《泰》4	幫支開三平止	幫支平

续表

序號	通假字	中古音	上古音
118	鼙	並齊開四平蟹	並支平
119	菅《泰》38	見刪開二平山	見元平
	管	見緩合一上山	見元上
120	寖《燕》48	精沁開三去深	精侵去
	寢	清寑開三上深	清侵上
121	況《燕》47	曉漾開三去宕	曉陽去
	貺	曉漾開三去宕	曉陽去
122	胲《燕》45	見咍開一平蟹	見之平
	陔	見咍開一平蟹	見之平
123	騰《燕》17	定登開一平曾	定蒸平
	媵	余證開三去曾	餘蒸去
124	勝《燕》18	書證開三去曾	書蒸去
	媵	余證開三去曾	餘蒸去
125	揚《燕》39	余陽開三平宕	余陽平
	媵	余證開三去曾	餘蒸去
126	陽《泰》70	余陽開三平宕	余陽平
	揚	余陽開三平宕	余陽平
127	勝《燕》31	書證開三去曾	書蒸去
	覃	定覃開一平鹹	定侵平
128	蕈《甲服》4	從寑開三上深	從侵上
	苫	書鹽開三平鹹	書談平
129	選《甲服》20	心獼合三上山	心元上
	筭	心換合一去山	心元上
130	選《燕》1背	心獼合三上山	心元上
	饌	崇潸合二上山	崇元上

序號	通假字	中古音	上古音
131	選《特》43	心獼合三上山	心元上
	籑	崇線合二去山	崇元去
132	儋《甲服》3	端談開一平鹹	端談平
	擔	端談開一平鹹	端談平
133	詘《甲服》12	溪物合三入臻	溪物入
	屈	溪物合三入臻	溪物入
134	但《泰》40	定翰開一去山	定元去
	袒	定旱開一上山	定元上
135	脾《少》33	並支開三平止	並支平
	髀	並薺開四上蟹	並支上
136	胳《少》17背	見鐸開一入宕	見鐸入
	骼	見陌開二入梗	見鐸入
137	柧《燕》38	見模合一平遇	見魚平
	觚	見模合一平遇	見魚平
138	枋《少》8	幫陽合三平宕	幫陽平
	放	幫漾合三去宕	幫陽去
139	枋《少》14	幫陽合三平宕	幫陽平
	柄	幫映開三去梗	幫陽去
140	攘《有》3	日陽開三平宕	日陽平
	讓	日陽開三去宕	日陽去
141	俎《有》14	莊語開三上遇	莊魚上
	菹	莊魚開三平遇	莊魚平
142	詛《特》1	莊禦開三去遇	莊魚去
	諏	精虞合三平遇	精侯平
143	昨《有》54	從鐸開一入宕	從鐸入

序號	通假字	中古音	上古音
143	酢	從鐸開一入宕	從鐸入
144	作《燕》1	精鐸開一入宕	精鐸入
	胙	從暮合一去遇	從鐸去
145	作《有》70	精鐸開一入宕	精鐸入
	醋	清暮合一去遇	清鐸去
146	詐《特》30	莊祃開二去假	莊鐸去
	醋	清暮合一去遇	清鐸去
147	擩《有》73	日虞合三上遇	日侯上
	臑	日虞合三平遇	日侯平
148	儒《甲服》37	日虞合三平遇	日侯平
	縟	日燭合三入通	日屋入
149	襦《泰》68	日虞合三平遇	日侯平
	繻	日虞合三平遇	日侯平
150	恃《乙服》6	禪止開三上止	禪之上
	枲	心止開三上止	心之上
151	卻《特》48	溪陌開三入梗	溪鐸入
	綌	溪陌開三入梗	溪鐸入
152	長《甲服》2	知養開三上宕	端陽上
	杖	澄養開三上宕	定陽上
153	蚤《士》12	精皓開一上效	精幽止
	早	精皓開一上效	精幽止
154	終《士》12	章東合三平通	章冬平
	眾	章送合三去通	章冬去
155	無《士》12	明虞合三平遇	明魚平
	毋	明虞合三平遇	明魚平

序號	通假字	中古音	上古音
156	毋《甲服》10	明虞合三平遇	明魚平
	無	明虞合三平遇	明魚平
157	繇《少》1	余宵開三平效	余宵平
	抽	徹尤開三平流	透幽平
158	咎《甲服》26	群有開三上流	群幽上
	舅	群有開三上流	群幽上
159	泣《特》6	溪緝開三入深	溪緝入
	淚	來至開三去止	來質去
160	是《少》2	禪紙開三上止	禪支上
	氏	禪紙開三上止	禪支上
161	囂《泰》114	曉宵開三平效	曉宵平
	鷔	疑豪開一平效	疑宵平
162	㡩《少》12	溪虞合三平遇	溪侯平
	奥	影號開一去效	影覺去
163	盡《泰》76	從軫開三上臻	從真上
	進	精震開三去臻	精真去
164	楄《甲服》6	並先開四平山	並真平
	屏	並青開四平梗	並耕平
165	并《有》5背	幫勁開三去梗	幫耕去
	並	並迥開四上梗	並陽上
166	關《泰》64	見刪合二平山	見元平
	貫	見換合一去山	見元去
167	淳《泰》63	禪諄合三平臻	禪文平
	㭊	溪混合一上臻	溪文平
168	宭《泰》60	見文合三平臻	見文平

续表

序號	通假字	中古音	上古音
168	梱	溪混合一上臻	溪文平
169	詩《泰》45	書之開三平止	書之平
	誘	餘有開三上流	餘幽上
170	詩《少》33	書之開三平止	書之平
	持	澄之開三平止	定之平
171	寺《泰》42	邪志開三去止	邪之去
	俟	崇止開三上止	崇之上
172	寺《燕》45	邪志開三去止	邪之去
	待	定海開一上蟹	定之上
173	舉《泰》40	見語開三上遇	見魚上
	取	清虞合三上遇	清侯上
174	諸《泰》14	章魚開三平遇	章魚平
	庶	書禦開三去遇	書鐸去
175	汙《泰》36	影模合一平遇	章魚平
	挎	溪祃合二去假	溪魚去
176	㕢《泰》46	崇止開三上止	崇之上
	立	來緝開三上止	來緝入
177	㕢《泰》64	崇止開三上止	崇之上
	俟	崇止開三上止	崇之上
178	或《泰》4	匣德合一入曾	匣職入
	紘	匣耕合二平梗	匣蒸平
179	員《泰》5	雲仙合三平山	匣文平
	圓	匣删合二平山	匣元平
180	容《泰》3	余鍾合三平通	余東平
	頌	邪用合三去通	邪東去

序號	通假字	中古音	上古音
181	閔《燕》45	明軫開二上臻	明文上
	闔	曉魂合一平臻	曉文平
182	蕉《燕》31	精宵開三平效	精宵平
	巢	崇肴開二平效	崇宵平
183	曹《燕》1背	從豪開一平效	從幽平
	畱	來有開三上流	來幽上
184	右《燕》24	雲宥開三去流	匣之去
	有	雲有開三上流	匣之上
185	有《士》1	雲有開三上流	匣之上
	又	雲宥開三去流	匣之去
186	盧《燕》30	來姥合一上遇	來魚上
	旅	來語合三上遇	來魚上
187	稚《甲服》23	澄至開三去止	定脂去
	稺	澄至開三去止	定脂去
188	衡《有》14背	匣庚開二平梗	匣陽平
	橫	匣庚合二平梗	匣陽平
189	涫《有》8背	見桓合一平山	見元平
	盥	見換合一去山	見元去
190	浣《特》11	匣緩合一上山	匣元上
	盥	見換合一去山	見元去
191	菁《泰》46	精清開三平梗	精耕平
	旌	精清開三平梗	精耕平
192	揗《泰》69	船準合三上臻	船文上
	順	船稕合三去臻	船文去
193	喪《甲服》37	心唐開一平宕	心陽平

续表

序號	通假字	中古音	上古音
193	殤	書陽開三平宕	書陽平
194	嬴《特》13	余清開三平梗	余耕平
	蝸	見麻合二平假	見歌平
195	甑《少》7	精澄開三去曾	精蒸去
	烝	章蒸開三平曾	章蒸平
196	椐《少》17背	見魚開三平遇	見魚平
	拒	群語開三上遇	群魚上
197	世《泰》11	書祭開三去蟹	書魚去
	肆	心至開三去止	心持去
198	泰《泰》1	透泰開一去蟹	透月去
	大	定泰開一去蟹	定月去
199	太《甲服》20	透泰開一去蟹	透月去
	大	定泰開一去蟹	定月去
200	黍《燕》	書語開三上遇	書魚上
	華	匣麻合二平假	匣魚平
201	肆《士》16	心至開三去止	心質去
	曳	餘祭開三去蟹	餘月去
202	晉《丙喪》	清感開一上鹹	清侵上
	箭	精線開三去山	精元去
203	晉《甲服》7	精震開三去臻	精真去
	箭	精線開三去山	精元去
204	易《甲服》13	餘錫開三入梗	餘錫入
	施	書支開三入臻	書歌入
205	歸《有》79	見微合三平止	見微平
	婦	並有開三上流	並之上

序號	通假字	中古音	上古音
206	腥《特》51	定侯開一去流	定侯去
	脡	透迥開四上梗	透耕上
207	淹《甲服》4	曉職合三平宕	曉職平
	溢	餘質開三入臻	餘錫入
208	餽《特》1背	群至合三去止	群微去
	饋	群至合三去止	群微去
209	蕩《泰》4	定蕩開一上宕	定陽上
	盪	透唐開一平宕	透陽平
210	在《少》17背	從海開一上蟹	從之上
	載	精代開一去蟹	精之去
211	軌《特》43	見旨開三上止	見幽上
	簋	見旨開三上止	見幽上
212	蜀《少》28	禪燭合三入通	禪屋入
	獨	定屋合一入通	定屋入
213	居《士》1背	見魚開三平遇	見魚平
	腒	見魚開三平遇	見魚平
214	賁《甲服》1背	幫魂合一平臻	幫文平
	黂	並文合三平臻	並文平
215	參《泰》2背	清覃開一平咸	清侵平
	糝	清覃開一平咸	清侵平
216	嗇《特》23	山職開三入曾	山職入
	穡	山職開三入曾	山職入
217	疑《士》10	疑之開三平止	疑之平
	擬	疑之開三上止	疑之上
218	衰《甲服》1	山脂合三平止	山微平

续表

序號	通假字	中古音	上古音
218	纕	清灰合一平蟹	清微平
219	共《泰》73	群用合三去通	群東去
	拱	見腫合三上通	見東上
220	則《特》10	精德開一入曾	精職入
	側	莊職開三入曾	莊職入
221	宿《有》4 背	心屋合三去通	心覺入
	縮	山屋合三去通	山覺入
222	摵《特》49	清錫開四入梗	清覺入
	縮	山屋合三去通	山覺入
223	聶《有》1 背	泥葉開三入咸	葉泥入
	攝	書葉開三入咸	葉泥入
224	彊《少》32	群陽開三平宕	群陽平
	疆	見陽開三平宕	見陽平
225	鄭《士》6	澄勁開三去梗	定耕去
	奠	定霰開四去山	定耕去
226	鄭《少》8	澄勁開三去梗	定耕去
	定	定徑開四去梗	定耕去
227	统《特》9	透宋合一去通	透冬去
	充	昌東合三平通	昌冬平
228	鉤《泰》41	見侯開一平流	見侯平
	句	見侯開一平流	見侯平
229	葆《少》47 背	幫皓開一上效	幫幽上
	保	幫皓開一上效	幫幽上
230	惡《特》25	影鐸開一入宕	影鐸入
	亞	影禡開二去假	影鐸去

序號	通假字	中古音	上古音
231	指《特》17	章旨開三上止	章脂上
	旨	章旨開三上止	章脂上
232	使《燕》3	山止開三上止	山之上
	史	山止開三上止	山之上
233	蕭《泰》48	心蕭開四平效	心幽平
	簫	心蕭開四平效	心幽平
234	擣《泰》42	端皓開一上效	端幽上
	籌	澄尤開三平流	定幽平
235	肫《少》10	章諄合三平臻	章文平
	純	禪諄合三平臻	禪文平
236	錫《甲服》58	心錫開四入梗	心錫入
	緆	餘錫開三入梗	餘錫入
237	錫《燕》46	心錫開四入梗	心錫入
	賜	心寘開三去止	心錫去
238	宵《特》12	心宵開三平效	心宵平
	綃	心宵開三平效	心宵平
239	儇《有》6	曉仙合三平山	曉元平
	還	匣刪合二平山	匣元平
240	還《泰》92	匣刪合二平山	匣元平
	瓌	見灰合一平蟹	見微平
241	説《甲服》4	余薛合三入山	餘月入
	捝	透末合一入山	透月入
242	移《少》19背	余支開三平止	余歌平
	袳	端歌開一平果	端歌平
243	錯《特》14	清鐸開一入宕	清鐸入

序號	通假字	中古音	上古音
243	措	清暮合一去遇	清鐸去
244	乾《特》19	見寒開一平山	見元平
	幹	見翰開一去山	見元去
245	陶《甲服》53	定豪開一平效	定幽平
	抽	徹尤開三平流	透幽平
246	直《特》15	澄職開三入曾	定職入
	特	定德開一入曾	定職入
247	脯《有》44	並模合一平遇	並魚平
	肺	滂廢合三去蟹	滂月去
248	肥《少》22背	並微合三平止	並微平
	妃	滂微合三平止	滂微平
249	肥《少》22背	並微合三平去	並微平
	配	滂隊合一去蟹	滂微去
250	苻《泰》40	並虞合三平遇	並侯平
	撲	滂屋合一入通	滂屋入
251	念《特》9	泥桥開四去鹹	泥侵去
	飪	日寢開三上深	日侵上
252	後《士》14	匣厚開一上流	匣侯上
	后	匣厚開一上流	匣侯上
253	后《甲服》13	匣厚開一上流	匣侯上
	後	匣厚開一上流	匣侯上
254	辭《士》2	邪之開三平止	邪之平
	辤	邪之開三平止	邪之平
255	深《有》1	書侵開三平深	書侵平
	綝	邪侵開三平深	邪侵平

序號	通假字	中古音	上古音
256	搔《有》1 背	心豪開一平效	心幽平
	埽	心皓開一上效	心幽上
257	瑟《少》32	山櫛開三入臻	山質入
	替	透霽開四去蟹	透質去
258	薄《少》22 背	並鐸開一入宕	並鐸入
	普	滂姥合一上遇	滂魚上
259	升《特》38	書蒸開二平曾	書蒸平
	脀	章蒸開三平曾	章蒸平
260	睪《士》8	餘昔開三入梗	餘鐸入
	羔	見豪開一平效	見宵平
261	密《特》6	明質開三入臻	明質入
	冪	明錫開四入梗	明錫入
262	胡《少》6	匣模合一平遇	匣魚平
	遐	匣麻合二平假	匣魚平
263	湛《少》19 背	定賺開二上咸	定侵上
	醓	透感開一上咸	透侵上
264	論《少》10	來魂合一平臻	來文平
	掄	來諄合三平臻	來文平
265	重《甲服》58	澄鐘合三平通	定東平
	童	定東合一平通	定東平
266	鍾	章鍾合三平通	章東平
	鐘	章鍾合三平通	章東平
267	游《士》12	余尤開三平流	余幽平
	遊	余尤開三平流	余幽平
268	弟《士》11	定薺開四上蟹	定脂上

续表

序號	通假字	中古音	上古音
268	悌	定薺開四上蟹	定脂上
269	牛《少》32	疑尤開三平流	疑之平
	眉	明脂開三平止	明脂平
270	剛《泰》63	見唐開一平宕	見陽平
	綱	見唐開一平宕	見陽平
271	適《甲服》17	書昔開三入梗	書錫入
	嫡	端昔開四入梗	端錫入
272	枱《泰》59	匣合開一入咸	匣緝入
	拾	禪緝開三入深	禪緝入
273	麋《甲服》4	明脂開三平止	明脂平
	楣	明沒合一入臻	明物入
274	贊《甲服》6	精翰開一去山	精元去
	瓚	精獮開三去山	精元去
275	枅《甲服》8	見齊開四平蟹	見脂平
	笄	見齊開四平蟹	見脂平
276	竿《泰》2	見寒開一平山	見元平
	豻	疑翰開一去山	疑元去
277	徐《少》13	邪魚開三平遇	邪魚平
	敘	邪語開三上遇	邪魚上
278	滲《甲服》37	來宵開四平效	來幽平
	摎	來宵開四平效	來幽平

三、參考文獻

（隋）顏之推,《顏氏家訓》,《諸子集成》影印本,上海書店,1986 年。

（唐）釋慧琳、（遼）釋希麟，《正、續一切經音義》，上海古籍出版社影印獅谷本，1986 年。

（宋）丁度，《宋刻集韻》，中華書局影印本，1989 年。

（遼）釋行均，《龍龕手鏡》，中華書局影印本，1985 年。

（日本）釋空海，《篆隸萬象名義》，中華書局，1995 年。

（明）張自烈編、（清）廖文英補，《正字通》，國際文化出版公司，1996 年。

馬蒔，《黄帝内經素問注證發微》，善成堂刻本，光緒五年（1879）。

馬蒔，《黄帝内經靈樞注證發微》，善成堂刻本，光緒五年（1879）。

（明）梅膺祚，《字彙》，上海辭書出版社影印本，1991 年。

（清）吴任臣，《字彙補》，上海辭書出版社，1991 年。

（清）段玉裁，《説文解字注》，經韻樓藏版影本，上海古籍出版社，1988 年。

（清）朱駿聲，《説文通訓定聲》，臨嘯閣藏版影印本，武漢市古籍書店，1983 年。

（清）顧藹吉，《隸辯》，中華書局，1986 年。

徐中舒主編，《漢語古文字字形表》，四川人民出版社，1981 年。

張顯成，《簡帛藥名研究》，西南師大學出版社，1997 年。

劉又辛、方有國，《漢字發展史綱要》，中國大百科全書出版社，2000 年。

劉又辛，《通假概説》，巴蜀書社，1988 年。

張湧泉，《漢語俗字研究》，岳麓書社，1995 年。

張湧泉，《敦煌俗字研究》，上海教育出版社，1996 年。

張湧泉，《漢語俗字叢考》，中華書局，2000 年。

秦公、劉大新《廣碑別字》，國際文化出版公司，1995 年。

裘錫圭，《文字學概要》，商務印書館，1998 年。

唐蘭，《中國文字學》，上海古籍出版社，1979 年。

周有光，《漢字改革概論》，文字改革出版社，1961 年。

梁東漢，《漢字的結構及其流變》，上海教育出版社，1959 年。

周祖謨，《廣韻校本》，中華書局，1988 年。

蔣禮鴻，《類篇考索》，山東教育出版社，1996 年。

趙平安，《〈説文〉小篆研究》，廣西教育出版社，1998 年。

祝敏申，《〈説文解字〉與中國文字學》，復旦大學出版社，1998 年。

王鳳陽，《漢字學》，吉林文史出版社，1989 年。

滕壬生，《楚系簡帛文字編》，湖北教育出版社，1995 年。

張守中，《睡虎地秦簡文字編》，文物出版社，1994 年。

張守中、張小滄、郝建文，《郭店楚簡文字編》，文物出版社，2000 年。

陸錫興,《漢代簡牘草字編》,上海書畫出版社, 1986 年。

周顯忠、陆周華編譯,《黃帝內經》,西南師大學出版社, 1995 年。

張登本、武長春,《內經詞典》,人民衛生出版社, 1990 年。

李玲璞、臧克和、劉志基,《古漢字與中國文化源》, 貴州人民出版社, 1997 年。

王貴元,《馬王堆漢墓帛書漢字構形系統研究》,廣西教育出版社, 1999 年。